Collection
« L'école des parents »

Qu'il s'agisse de soucis quotidiens, de la scolarité, de problèmes de couple, de la relation avec un adolescent, tous les moments de la vie éducative peuvent être sources d'interrogations, d'angoisse, de tristesse, de mal-être. Les Écoles des parents et des éducateurs accompagnent et aident parents et professionnels dans leurs difficultés, petites ou grandes, avec une démarche pédagogique et non normative où chaque personne bénéficie d'un suivi unique et adapté. Dans cet esprit, cette collection prolonge les réflexions engagées dans la revue *L'école des parents*.

Déjà parus

Jacques Barou
Parents, enfants, école : approches transculturelles

Émilie Potin, avec Gaël Henaff et Hélène Trellu
Le smartphone des enfants placés
Quels enjeux en protection de l'enfance ?

Sous la direction de
Daniel Marcelli, avec Anne Lanchon
Les Cafés des parents®
L'intelligence du collectif

Voir la collection complète en fin d'ouvrage

Parentalités en mouvement

Ont participé à cet ouvrage

Sophie About
Yannick Bervas
Jean Chambry
Geneviève Delaisi de Parseval
Lucien Hounkpatin
Claude Martin
Olivier Phan
Pierre Suesser
Nathalie de Timmerman
Abdessalem Yahyaoui

Sous la direction de
Régine Scelles
et Michel Wawrzyniak

Parentalités en mouvement

Des pratiques à inventer

érès

Secrétariat d'édition :
Virginie Gazon

Conception de la couverture :
Anne Hébert

ISBN : 978-2-7492-7048-7
CF – 800

33, avenue Marcel-Dassault, 31500 Toulouse
www.editions-eres.com

Partagez vos lectures et suivez l'actualité des **éditions érès** sur les réseaux sociaux

Régine Scelles

Introduction
L'interdisciplinarité dans les pratiques et les recherches sur le travail avec les familles d'hier, d'aujourd'hui… Et demain ?

Ce que culturellement à un moment donné une société nomme « père » et « mère » évolue, parfois lentement, parfois rapidement. Notre époque ne fait pas exception à cela. Devenir parent n'est pas un chemin facile et reste un art, fruit de transformations successives, aboutissant à une manière de « faire famille » qui peut être originale, marginale, avant-gardiste ou traditionnelle.

Ce livre invite à ne pas enfermer l'enfant dans la dyade mère-enfant, à l'ouvrir au père et aux frères et sœurs déjà là ou à venir, à prendre en compte la famille élargie, en particulier les grands-parents, et évidemment les beaux-parents, les demi- et quasi-frères et sœurs. Il rappelle, comme le dit un proverbe africain, qu'il faut tout un village pour élever un enfant et que son éducation n'est pas uniquement l'affaire d'un père ou/et d'une mère.

La diversité des thèmes développés ici souligne que le rôle des parents est, entre autres, de créer un lien filiatif sécure avec l'enfant. Grâce à ces attachements sécures, il pourra développer ses compétences, se tourner vers l'extérieur, faire évoluer des liens choisis avec des adultes extérieurs à sa famille, avec ses frères et sœurs, cousins, amis, puis amoureux. Ses pairs seront de plus en plus importants pour lui au fur et à mesure qu'il grandira. C'est ainsi qu'il fera génération à son tour, en transformant, avec d'autres, l'héritage parental. Il deviendra ensuite peut-être parent à son tour, dans un autre contexte social et économique qui l'obligera à innover, comme ses parents avant lui… Les professionnels, les institutions doivent prendre en compte ces évolutions et rester toujours en mouvement, d'où le titre du colloque organisé par la Fédération nationale des Écoles des parents et des éducateurs (Fnepe) le 28 mai 2021, à l'occasion de son cinquantième anniversaire, et de cet ouvrage qui en rend compte.

Les Écoles des parents et des éducateurs (EPE), grâce à leur ancrage dans le territoire, prennent en compte dans leurs actions tous les systèmes évoqués dans le modèle écologique du développement (Bronfenbrenner, 1970-1980[1]). Ce modèle engage à

1. U. Bronfenbrenner, *The Ecology of Human Development : Experiments by Nature and Design*, Cambridge, Harvard University Press, 1979.

ne pas simplifier le phénomène complexe du devenir parent et justifie le fait que, dans cet ouvrage, interviennent des praticiens et des chercheurs qui abordent les diverses dimensions du phénomène de « l'être et [du] devenir » parent – cliniciens, sociologues, spécialistes des politiques publiques, de l'interculturalité… Tous, dans la spécificité de leur regard et de leur expertise, éclairent le travail des professionnels de terrain.

La famille est bien autre chose qu'une « petite entreprise »

Les réflexions, résultats d'études et de pratiques ici présentés s'inscrivent dans un contexte sociétal où la famille est parfois vue comme une « petite entreprise », avec obligation de résultat. En témoigne le succès actuel du « concept » de burn-out appliqué aux parents, largement relayé par les médias.

Une étude internationale sur l'augmentation des burn-out parentaux est en cours[2], codirigée par deux professeures de psychologie à l'université de Louvain, Isabelle Roskam et Moïra Mikolajczak. Les chercheuses observent un épuisement et une perte du plaisir à être parent qui s'apparente, selon elles, à la perte du sentiment d'accomplissement personnel repéré dans le burn-out professionnel. Elles notent que le taux de burn-out parental est

2. International Investigation of parental burnout (IIPB).

plus élevé dans les pays les plus individualistes[3] et soutiennent que l'individualisme conduit le parent à se considérer comme l'unique responsable de l'éducation des enfants et à se sentir blessé, honteux de demander de l'aide.

Impossible de ne pas évoquer aussi, en miroir à la notion de burn-out parental, « l'agenda de ministre » des enfants. En effet, certains d'entre eux ont tellement d'activités diverses et variées qu'ils n'ont plus le temps de s'ennuyer, de rêver, d'inventer des jeux, seuls ou à plusieurs, en dehors de l'encadrement d'un adulte… Ce planning très dense suppose, en outre, une grande disponibilité des parents, aggravant leur surmenage.

Les acteurs de la parentalité ne peuvent que s'émouvoir de ce glissement sémantique qui fait fi de la complexité et des spécificités de ce qui se noue, se joue en famille entre parents et enfants. Par ailleurs, ces images de « parents entrepreneurs » et d'enfants « surbookés » si présents sur la scène médiatique ne doivent pas faire oublier la réalité des parents défavorisés sur le plan social et économique, dont les enfants ne bénéficient pas, eux, de ces multiples activités payantes…

Face à l'isolement, au sentiment de découragement des parents, les Écoles des parents et des éducateurs agissent de manière préventive, sur le

3. M. Mikolajczak, I. Roskam, *Le burn-out parental,* Paris, Odile Jacob, 2017.

terrain, en favorisant, via les Cafés des parents®[4] et d'autres activités collectives, les échanges entre parents et le coapprentissage horizontal. Ces actions ouvrant sur les liens sociaux contribuent à leur redonner confiance dans leurs compétences parentales, comme le montre le texte de Sophie About, présidente de l'EPE de la Manche[5].

Élever un enfant est un art : créativité et inventivité dans le devenir parent

Ce livre rappelle, s'il en était besoin, que le statut de l'enfant, la manière de le penser ne cessent d'évoluer. Le documentaire de Bernard Martino, *Le bébé est une personne* (1984), en a été l'un des premiers témoignages. Cette évolution permanente a un impact sur la vie des familles, sur les pratiques des professionnels qui les accompagnent et sur les politiques publiques.

Les enfants arrivent plus tardivement dans la vie des hommes et des femmes, qui peuvent choisir le moment de leur naissance et leur nombre. Moins nombreux, plus tardifs, plus désirés, les enfants semblent de ce fait plus précieux et leur éducation

4. D. Marcelli (sous la direction de), *Les Cafés des parents®. L'intelligence du collectif*, Toulouse, érès, coll. « L'école des parents », 2019.
5. « Chemin de parent : un atelier pour accompagner les parents sur le chemin de LEUR parentalité », p. 117.

devient l'objet de toute l'attention des parents, qui se doivent de les « réussir ».

La société, aujourd'hui, exige que les enfants soient non seulement « bien élevés » – c'est-à-dire qu'ils sachent appliquer les règles du vivre en famille et en collectivité –, mais aussi heureux, épanouis, avec l'assurance que leurs besoins et leurs désirs sont entendus et respectés. Elle demande aux parents qu'ils leur transmettent les règles du « vivre ensemble », en y intégrant deux différences fondatrices : celle des sexes et celle des générations. Mieux informés sur le développement psycho-affectif de l'enfant, ces derniers sont aussi soucieux de favoriser son épanouissement personnel. Ils ont souvent en ligne de mire un idéal difficile à atteindre et sont avides de conseils sur les « bonnes règles éducatives ». Cette situation a fait naître des vocations de spécialistes de la manière d'être de « bons » parents. Selon l'époque, tel ou tel modèle occupe le devant de la scène médiatique, sans forcément s'appuyer sur un fondement scientifique. La Fnepe joue, sur ce point, un rôle important en éclairant les professionnels du soutien à la parentalité par sa position réflexive et son travail de diffusion des travaux scientifiques dans ce domaine. Ce livre en est le témoignage.

En contrepoint à ces multiples « modes d'emploi, de faire et d'être parent », je soutiens que devenir parent reste un art qui fabrique du petit d'homme à partir des « recettes » héritées de l'histoire familiale et culturelle de chacun des parents et d'une bonne dose d'inventivité. Cela n'interdit pas, bien au contraire, de faire profiter les parents des avancées des connaissances en matière de parentalité et de développement de l'enfant. Mais cela implique aussi de s'assurer que les parents pourront s'approprier ces connaissances non pas comme des injonctions à suivre mais comme des « ingrédients », pour créer leur propre manière de devenir parent. Faute de quoi parents et enfants risquent de se sentir acculturés à leur propre histoire.

Deux chapitres de ce livre rappellent le risque que courent parents et enfants à se voir coupés de leur culture d'origine[6]. Une transmission incluant les « recettes » familiales en les transformant juste ce qu'il faut permet à l'enfant de s'inscrire dans une filiation sans le piéger dans un conflit de loyauté ou un sentiment de culpabilité aux conséquences néfastes.

L'art de devenir parent est encore plus complexe à mettre en œuvre dans les familles recomposées ou issues de la PMA, souligne Geneviève Delaisi de Parseval[7]. Elle évoque les nécessaires réflexions à mener sur les multiparentalités et les coparentalités.

---

6. « Héritages et transformations identitaires : une redéfinition symbolique de l'acte de naissance », par Lucien Hounkpatin et Nathalie de Timmerman, p. 33, et « Parentalité et processus d'interculturation : entre perte, douleur et transformations », par Abdessalem Yahyaoui, p. 49.
7. « L'art de s'accommoder des bébés au début du XXIe siècle », p. 101.

Par ailleurs, l'art d'être parent ne se déploie pas de la même manière selon l'étape du cycle de la vie de la famille. Certains parents abordent plus difficilement que d'autres la période de l'adolescence, et, notamment, gèrent moins bien la place omniprésente des écrans à cet âge délicat, comme l'évoque un autre chapitre de cet ouvrage[8].

Enfin nous savons à quel point cet art, propre à chaque famille, est affecté par ses conditions de vie matérielles. C'est pourquoi ce livre aborde la question de la précarité et des politiques publiques, qui peuvent et doivent créer les meilleures conditions pour devenir parent[9].

Investissement des pères, familles en situation de précarité, multiculturelles, recomposées, issues de la PMA, place omniprésente des écrans en famille… La diversité des situations et l'évolution des formes familiales bousculent les professionnels et les bénévoles intervenant dans le domaine du soutien à la parentalité. Ils doivent donc se former à repérer et à valoriser les différentes manières de devenir parent, prendre du recul par rapport aux « modes », et aussi travailler sur leur implication personnelle et leur posture dans cet accompagnement : une réflexion à mener

8. « Utilisations problématiques des jeux vidéo à l'adolescence », par Olivier Phan et Jean Chambry, p. 85.
9. « Prévention et santé familiale et infantile, précarité et inégalités de santé », par Pierre Suesser, p. 69, et « Des psychologues hors les murs », par Yannick Bervas, p. 125.

individuellement, mais aussi collectivement, via l'analyse de pratiques.

Cet ouvrage atteste de la créativité des parents dans l'appropriation et la transformation de leur parentalité et de celle, indispensable, des professionnels qui les accompagnent. Il rassemble les contributions originales des orateurs du colloque organisé par la Fnepe. Par leur diversité, elles montrent la richesse des réseaux de praticiens de terrain et de chercheurs qui œuvrent dans le domaine de la parentalité aujourd'hui, et ouvrent sur des perspectives très stimulantes.

Claude Martin

Regard rétrospectif sur l'éducation des parents

L'idée d'éduquer les parents pour les inciter à mettre au monde et mieux éduquer des enfants est un projet politique et social profondément inscrit dans l'histoire[1]. La commémoration des 50 ans de la Fnepe est une belle occasion d'en rappeler quelques épisodes[2] et d'interroger le moment dans lequel nous sommes.

Au cours du XIXe siècle, deux traditions sont esquissées. Aux États-Unis, la question qui domine les décennies qui suivent la guerre civile (1861-1865) lie le destin du pays à l'éducation de ses nouveaux membres par les *Republican Mothers*[3].

---

1. Ce texte reprend des passages d'un article plus complet intitulé : « Educating Parents: A Policy Issue », à paraître en 2021.
2. Pour une généalogie de ces initiatives, on se reportera à l'ouvrage d'André Isambert, *L'Éducation des parents*, Paris, Puf, 1959, rééd. 1968.
3. Cette expression, utilisée avant, pendant et après la guerre civile, est née de l'idée que les filles de patriotes devaient se charger de transmettre les valeurs républicaines à la génération

En Europe, l'enjeu est davantage démographique, au sens où il s'agit surtout de lutter contre la mortalité infantile. En comparant les initiatives des deux côtés de l'Atlantique au tout début du XXe siècle, les historiens repèrent deux modèles contrastés, qui tiennent en particulier à la place qu'occupent les femmes dans la définition du problème à résoudre et des mesures à mettre en place. Catherine Rollet, historienne et démographe, distingue ces deux modèles de la manière suivante : « L'un à dominante plus médicale et masculine caractérisée par le système des consultations-Gouttes de lait pour les enfants vivant avec leurs parents et par la surveillance médico-administrative à domicile des enfants placés en nourrice ; l'autre plus féminine et sociale et plus continûment orientée vers la visite à domicile des mères et des familles, qu'elles soient gardiennes de leurs propres enfants ou de ceux d'autrui[4]. » D'un côté donc, des hommes, médecins et démographes, privilégient les enjeux d'hygiène et de santé publique, et notamment la qualité du lait que l'on donne aux enfants, de l'autre, des femmes militantes et dames d'œuvre, plus préoccupées des questions sociales et des pratiques de maternage.

---

suivante. S. Mintz, *The Prime of Life. A History of Modern Adulthood,* Cambridge, Belknap Harvard University Press, 2015 ; A. Boardman Smuts, *Science in the Service of Children 1893-1935*, New Haven, Yale University Press, 2006.

4. C. Rollet, « La santé et la protection de l'enfant vues à travers les congrès internationaux (1880-1920) », *Annales de démographie historique*, n° 101, 2001 (p. 97-116), p. 107.

Le tournant des années 1920

Ces deux traditions vont façonner des trajectoires différentes de *child welfare* et, à terme, des cultures de parentalité différentes. Dans la période qui va des années 1920 aux années 1960, c'est néanmoins surtout le modèle porté par les *child sciences* et les spécialistes du développement de l'enfant qui façonne la vision dominante de l'enfance et de l'éducation des parents et leurs pratiques. L'entre-deux-guerres est un véritable laboratoire pour les méthodes d'éducation des parents *(child-rearing)*, des deux côtés de l'Atlantique. Dans la synthèse qu'il propose de la littérature sur l'enfance, l'historien de l'enfance Harry Hendrick résume ces évolutions et évoque deux nouvelles tendances :

> « Au début des années 1920, deux nouvelles approches en matière d'élevage des enfants sont développées [...] La première est la méthode scientifique de *babycare*, et du "métier maternel" *(mothercraft)*, associée aux noms de F. Truby King, un médecin néozélandais qui défendait l'allaitement maternel, un planning fixe pour le sommeil, et de John B. Watson, un psychologue comportementaliste américain, qui cherchait à faire en sorte que les mères élèvent des enfants supérieurs. Dans leur tentative de produire des bébés "bien adaptés", ces deux hommes faisaient la promotion de pratiques à la fois disciplinaires et autoritaires, insistant sur des entraînements répétés (behaviorisme), mais aussi sur le fait que les mères soient intimement engagées dans l'élevage de leurs enfants, mais avec un minimum de tendresse... L'autre courant dont l'influence s'est inscrite dans la longue durée est lié à la «nouvelle psychologie», incluant le mouvement de l'école

maternelle, la psychologie éducative, la psychanalyse et la guidance infantile, autant d'aspects qui ont privilégié une lecture plus libérale des relations entre les parents (plutôt de classe moyenne) et leurs enfants[5]. »

L'approche behavioriste de Watson et la publication en 1928 de son ouvrage *Psychological Care of infant and child* fait certes des émules, tant il se présente comme détenteur de preuves scientifiques de l'efficacité de ses méthodes conçues pour éviter toutes les menaces, sur le parcours des enfants, pouvant les conduire à l'âge adulte à des problèmes allant de l'hystérie à l'épilepsie en passant par d'autres formes de « dégénérescence psychique ». Mais cette conception mécaniste, apparentant l'éducation au conditionnement animal, est peu à peu associée aux idéologies totalitaires et rejetée au profit d'écoles et de méthodes plus humanistes, privilégiant la guidance et les apports de la psychanalyse[6].

En France également, le débat sur ces questions fait rage dans l'entre-deux-guerres, opposant républicains et mouvements catholiques. Les bouleversements de la famille qui marquent la période, que ce soit l'émancipation des femmes par le travail, la limitation volontaire du nombre des grossesses ou la remise en cause de l'autorité paternelle,

---

5. H. Hendrick, *Children, Childhood and English Society 1880-1990*, Cambridge University Press, 1997, p. 28-30. Notre traduction.

6. N. Rose, *Governing the Soul. The Shaping of the Private Self*, Londres, Free association Books, 1990 (2e éd.).

contribuent à durcir les oppositions idéologiques et à renforcer le débat sur l'éducation. La réforme des républicains dite de l'école unique, conçue pour privilégier le mérite par rapport à l'origine sociale, est ainsi perçue comme une menace pour les prérogatives des parents. Le projet de former des institutrices pour dispenser une éducation sexuelle aux élèves au début des années 1920[7] met le feu aux poudres.

C'est dans ce climat que Marguerite Lebrun-Vérine, une femme de lettres, épouse de médecin, passionnée par les questions d'éducation et liée à plusieurs figures de la pédopsychiatrie de l'époque, comme Georges Heuyer[8], crée l'École des parents, en 1929. Cette initiative privée propose un compromis entre les méthodes traditionnelles d'enseignement moral et les méthodes actives d'éducation. Mme Vérine, préoccupée par les bouleversements du monde qui environne les enfants, entend défendre les prérogatives des parents

7. Y. Knibiehler, « L'éducation sexuelle des filles au XXe siècle », *Clio. Femmes, genre, histoire,* n° 4, 1996, http://journals.openedition.org/clio/436

8. Ce neuropsychiatre de l'enfance spécialiste de la délinquance juvénile cherche à protéger les enfants des conséquences d'une mauvaise éducation et, en particulier, des effets de l'instabilité familiale. Comme il l'écrit lui-même dans la préface à l'ouvrage d'André Isambert, président de l'École des parents après la guerre : « Les constatations que peuvent faire les psychiatres, experts dans les affaires judiciaires de divorce, de droit de garde, et de droit de visite, montrent l'urgence d'une éducation des parents ignorants, égoïstes, possessifs et agressifs. » (G. Heuyer, « Préface », dans A. Isambert, *L'éducation des parents, op. cit.*, p. 9.)

contre le modèle tutélaire républicain. Comme le rappelle Annick Ohayon, spécialiste de l'histoire de la psychologie, pour Vérine, « l'âme de l'enfant et son devenir appartiennent à la famille et non à l'État, incarné par l'École de la République[9] ». Il est primordial de situer cette initiative dans son contexte pour en comprendre l'orientation politique, contexte qui n'est pas sans faire écho à notre présent. Comme le souligne Annick Ohayon, « l'année 1929 marque le début de la crise économique. Tout au long des années trente, le thème plus global de la crise, du déclin de l'Occident, de la dégénérescence du corps social revient de manière obsessionnelle. Face au déclin de l'autorité, de la spiritualité, de la race, de la France, une partie de la droite brandit l'arme du redressement et du réarmement moral, grâce à l'idéal familial[10] ».

Le conservatisme de Mme Vérine en matière familiale la conduira d'ailleurs pendant l'Occupation à soutenir le projet de révolution nationale du maréchal Pétain et à rédiger le chapitre intitulé « La famille » dans un ouvrage programmatique : *France 1941. La révolution nationale constructive. Un bilan, un programme*[11]. Au-delà de cette posture politique traditionaliste, Vérine est convaincue de la nécessité de former les parents aux nouvelles

---

9. A. Ohayon, « L'école des parents ou l'éducation des enfants éclairée par la psychologie », *Bulletin de psychologie*, vol. 53, n° 5, 2000 (p. 635-642), p. 636.
10. *Ibid.*
11. Collectif, *France 1941. La révolution nationale constructive. Un bilan, un programme*, Paris, Alsatia, 1941, p. 191-214.

méthodes éducatives issues du développement de la psychologie de l'enfant et de la pédopsychiatrie.

Après la Seconde Guerre mondiale, des Écoles de parents bourgeonnent dans différentes villes en France et dans quelques autres pays francophones. Les Écoles des parents et des éducateurs, regroupées en fédération, sont reconnues d'utilité publique au milieu des années 1950, avant de recevoir peu à peu le soutien et le patronage de l'Éducation nationale et des Caisses d'allocations familiales. Leurs activités se diversifient : groupes de parole, conférences faisant appel à la fine fleur de la psychologie et de la pédopsychiatrie, publications chargées de diffuser les savoirs et les expériences. En 1970 est créée la Fédération nationale des Écoles des parents et des éducateurs, dont nous commémorons le cinquantenaire.

Il est important de rappeler ces éléments contextuels, et notamment le fait qu'un véritable marché des conseils adressés aux parents se développe à cette période. Cette marchandisation se traduit par une explosion du nombre des livres sur le sujet, mais aussi par le développement d'une abondante presse spécialisée, d'émissions de radio et de télévision. Dans ce boom du conseil aux parents, on se souvient du fameux ouvrage de Benjamin Spock, publié une première fois en 1946, *Common Sense Book of Baby and Child Care* (*Comment soigner et éduquer son enfant*). Le pédiatre américain y promeut une *permissive parenting culture*, autrement dit une tout autre lecture des interactions mère-enfant que les behavioristes, soulignant l'importance du jeu et du plaisir pris dans ces interactions et l'importance des savoirs spontanés des mères. D'où la fameuse formule : « *You know more than you think you do* » (« vous en savez plus que vous ne pensez »). La porosité entre certains travaux de recherche et leur vulgarisation dans les médias est remarquable, qu'il s'agisse des leçons de la théorie de l'attachement et des travaux de John Bowlby sur les carences de soins maternels dans les années 1950, de ceux de Donald Winnicott avec ses *good enough mothers* (« mères suffisamment bonnes », *Jeu et Réalité*, publié en 1953), ou un peu plus tard de ceux de Diana Baumrind avec sa typologie des *parenting styles* en 1966, privilégiant une troisième voie entre le modèle autoritaire et le modèle permissif, le modèle *authoritative*, parfois traduit par « démocratique ». Dans son ouvrage dédié à l'histoire des *parenting cultures*[12], Harry Hendrick considère ces quelques années comme un tournant majeur, qui fait basculer d'une préoccupation centrée sur la survie des enfants à une préoccupation centrée sur leur bien-être psychique, mais aussi d'une *parenting culture* fondée sur la répression et l'obéissance à une vision plus libérale de l'éducation.

Dans les années 1970 et 1980, on peut encore mentionner l'émergence, dans les pays francophones principalement, d'un nouveau domaine nommé « l'éducation familiale », au sein des

12. H. Hendrick, *Narcissistic Parenting in an Insecure World. A History of Parenting Culture 1920s to Present*, Bristol, Policy Press, 2016.

sciences de l'éducation, articulant l'éducation des parents avec celle de l'institution scolaire, mais aussi du travail social[13]. Ce sous-domaine donnera lieu à la publication de manuels en sciences de l'éducation[14].

Le tournant de la parentalité

Au cours des années 1990, un nouveau terme, parentalité (*parenting* en anglais[15]), s'impose pour regrouper les actions en direction des parents. Si certaines de ces mesures explorent de nouvelles pistes, beaucoup s'apparentent à des actions déjà expérimentées au fil du temps pour : éduquer les parents à leur rôle en promouvant de bonnes pratiques ; encadrer les parents incapables ou n'ayant pas les compétences requises pour s'occuper de leurs enfants ; les épauler

---

13. P. Durning, *Éducation familiale. Un panorama de recherches internationales,* Paris, Mire, 1988 ; G. Monceau, S. J. Larivée, « Tentations et tentatives d'éduquer les parents », *Sociétés et Jeunesses en difficulté*, n° 22, 2019, http://journals.openedition.org/sejed/9930

14. G. Bergonnier-Dupuy, H. Join-Lambert et P. Durning (sous la direction de), *Traité d'éducation familiale*, Paris, Dunod, 2013.

15. Plusieurs publications ont fait la généalogie de ce terme dans l'histoire des sciences humaines et sociales avant qu'il ne soit intégré dans le lexique médiatique, professionnel et politique (C. Martin, *La parentalité en question. Perspectives sociologiques*, rapport pour le Haut Conseil de la population et de la famille, Paris, La Documentation française, 2003 ; G. Neyrand, *Soutenir et contrôler les parents. Le dispositif de la parentalité*, Toulouse, érès, 2011).

dans l'accompagnement du travail scolaire ; leur permettre d'exprimer dans des groupes de parole leurs difficultés quotidiennes ; les informer à l'occasion de conférences publiques des dernières méthodes de *parenting*, etc.

Cette nouvelle appellation signe-t-elle une nouvelle impulsion, le prolongement, voire le revival de cette ancienne préoccupation publique ou un changement plus radical de perspective ? Cette question donne lieu à d'intenses discussions entre chercheurs. Plusieurs points vont dans le sens de l'émergence d'un nouveau régime d'« éducation » des parents. Premièrement, si nombre de ces initiatives sont portées par des associations et des bénévoles, il est manifeste que les pouvoirs publics de nombreux pays ont décidé de leur donner un nouvel élan en cette fin de XXe siècle, en les soutenant officiellement, y compris financièrement, et en les reconnaissant institutionnellement, sous l'appellation de dispositifs de « soutien à la parentalité [16] ». Deuxièmement, plusieurs organisations internationales ont manifestement joué un rôle non négligeable dans l'émergence de ces politiques, qu'il s'agisse du Conseil de l'Europe, de la Commission européenne, de l'Unicef, du réseau européen des Observatoires nationaux sur

16. G. Neyrand, 2011, *op. cit.* ; C. Martin (sous la direction de), *« Être un bon parent ». Une injonction contemporaine,* Rennes, Presses de l'EHESP, 2014 ; M. Daly, « Parenting support as policy field : An analytic framework », *Social Policy and Society,* vol. 14 , n° 4, 2015, p. 597-608.

l'enfance ou de l'OCDE[17]. Le fait de recourir à une nouvelle appellation et ce volontarisme politique, qui a contribué à une certaine institutionnalisation du soutien à la parentalité, conduisent nombre de chercheurs à parler d'un *« parenting turn*[18] *»*.

Le développement de programmes « fondés sur des preuves » (*evidence-based programs,* avec le recours à des essais randomisés contrôlés), comme par exemple Triple P, pour Positive Parenting Program, de même que leur marchandisation à l'échelle internationale, sont d'autres marqueurs de ce tournant des années 1990. Dans ces programmes, le modèle behavioriste semble trouver un second souffle. Ce nouveau marché a pour objectif de doter les parents de *parenting skills* (« compétences parentales ») dont l'efficacité doit être démontrée.

---

17. *« Survey on the Role of Parents and the Support from the Governments in the European Union »*, Florence, ChildONEurope, 2007 ; M. Daly, *Parenting in Europe: A Positive Approach*, Strasbourg, Conseil de l'Europe, 2007 ; *« Parenting Support Policy Brief »*, Bruxelles, Commission européenne, 2012.

18. M. Daly, *op. cit.* ; T. Knijn et M. Hopman, « Parenting Support in the Dutch "Participation Society" », *Social Policy and Society*, vol. 14, n° 4, 2015, p. 645-656 ; T. Knijn, C. Martin et I. Ostner, « Triggers and drivers of change in framing parenting support in north-western Europe », dans G. Björk Eydal et T. Roostgaard (sous la direction de), *Handbook of Family Policy*, Cheltenham, Edward Elgar, 2018, p. 152-166 ; C. Martin, « Parenting support in France: Defining policy on an ideological battlefield », *Social Policy and Society*, vol. 14, n° 4, 2015, p. 609-620 ; E. Sihvonen, *From Family Policy to Parenting Support. Parenting-Related Anxiety in Finnish Family Support Projects*, Helsinki, Publications of the Faculty of Social Sciences, 2020.

L'important déploiement de ces programmes, aussi bien dans les pays de langue anglaise (États-Unis, Royaume-Uni, Australie, Nouvelle-Zélande) qu'en Europe de l'Ouest et du Nord (Belgique, Pays-Bas ou Suède[19]), et la multiplication des « experts en compétences parentales », tous financés sur fonds publics et/ou privés, sont interprétés par un grand nombre d'auteurs comme l'expression de politiques néolibérales ayant pour effet de responsabiliser les parents, voire de les accuser d'être à l'origine des problèmes sociaux auxquels font face les sociétés postindustrielles[20]. D'autres stratégies

---

19. J. Lewis, « Parenting programmes in England: Policy development and implementation issues, 2005-2010 », *Journal of Social Welfare and Family Law*, vol.33, n° 2, 2011, p. 107-121 ; M. Vandenbroeck, G. Roets et R. Roose, « Why evidence-based paradigm in early childhood education and care is anything but evident? », *European Early Childhood Education Research Journal*, vol. 20, n° 4, 2012, p. 537-552 ; T. Knijn et M. Hopman, *op. cit.* ; A. Lundqvist, « Parenting support in Sweden: New policies in old settings », *Social Policy and Society*, vol. 14, n° 4, 2015, p. 657-668.
20. F. Furedi, *Paranoid Parenting. Why Ignoring the Experts May be Best for Your Child*, Chicago, Chicago Review Press, 2002 (rééd., 2008) ; V. Gillies, « Family policy and the politics of parenting: From function to competence », dans M. Richter et S. Andresen (sous la direction de), *The Politicization of Parenthood. Shifting Private and Public Responsibilities in Education and Child Rearing*, Dordrecht, Springer, 2012, p. 13-26 ; S. Ramaekers et J. Suissa (sous la direction de), *The Claims of Parenting. Reasons, Responsibility and Society*, Dordrecht, Springer, 2012 ; M. Richter et S. Andresen (sous la direction de), *The Politicization of Parenthood. Shifting Private and Public Responsibilities in Education and Child Rearing*, Dordrecht,

que les *evidence-based programs* existent cependant dans le secteur du soutien à la parentalité, qui privilégient des démarches plus communautaires. On en trouve la manifestation dans de nombreux pays aussi différents que la France, la Finlande, la Biélorussie, la Croatie, la Jamaïque ou les Philippines. À la lumière de ces développements, certains auteurs évoquent la globalisation de cet enjeu à l'échelle planétaire[21].

Quant à la question du sens de ce tournant de la parentalité, une fois encore, le débat est intense. L'historien Harry Hendrick[22] défend la thèse d'un basculement vers un *narcissic parenting* en Angleterre à partir des années 1980. Par cette expression, il évoque non pas le narcissisme primaire, nécessaire selon les psychanalystes pour structurer le sentiment de confiance en soi chez l'enfant, mais un narcissisme secondaire caractérisé chez l'adulte par un manque de confiance dans le futur,

---

Springer, 2012 ; D. Hartas, *Parenting, Family Policy and Children's Well-Being in an Unequal Society. A New Culture War for Parents*, Basingstone, Palgrave, 2014 ; E. Lee, J. Bristow, C. Faircloth et J. Macvarish, *Parenting culture studies*, Palgrave Macmillan, 2014 ; M. Vandenbroeck et coll., *op. cit.*

21. M. Daly, « Policies on family support and parenting support in a global perspective », dans G. Björk Eydal et T. Roostgaard (sous la direction de), *Handbook of Family Policy*, Cheltenham, Edward Elgar, 2018, p. 351-362 ; J. Macvarish et C. Martin, « Towards a 'parenting regime': Globalizing tendencies and localised variation », dans A.-M. Castrén et coll., *The Palgrave Handbook of Family Sociology in Europe*, Basingstoke-New York, Palgrave, à paraître.

22. H. Hendrick, 2016, *op. cit.*

considéré comme inconnu et même inconnaissable, compromettant sa capacité de parent à reconnaître les besoins et les attentes de l'enfant. Depuis cette époque, les parents douteraient de la pertinence, et surtout de l'efficacité de leurs pratiques spontanées, improvisées. Selon Hendrick, entre l'époque du thatchérisme et l'arrivée du New Labour au pouvoir se serait forgée une nouvelle vision de l'enfance, compatible avec des préceptes néolibéraux et avec le projet de remoralisation du Royaume-Uni. Le modèle comportementaliste puiserait sa force dans cette hypothèse en établissant notamment un lien entre délinquance et pratiques parentales.

Un autre signe de ces évolutions récentes concerne le poids accordé aux neurosciences dans ce champ de pratiques. Après John Bruer[23] en 1999, des auteurs comme Jan Macvarish (en 2016[24]) ou encore Val Gillies, Rosalind Edwards et Nicola Horsley (en 2017[25]) insistent sur le détournement des savoirs et découvertes en neurosciences qu'opèrent les décideurs politiques quand ils défendent l'idée que les pratiques parentales ont un impact difficilement réversible sur le développement de l'enfant au cours de ses premières années, ce qui justifierait de privilégier

23. J. Bruer, *The Myth of the First Three Years*, New York, The Free Press, 1999.

24. J. Macvarish, *Neuroparenting. The Expert Invasion of Family Life*, Londres, Palgrave, 2016.

25. V. Gillies, R. Edwards et N. Horsley, *Challenging the Politics of Early Intervention. Who's 'Saving' Children and Why*, Bristol, Policy Press, 2017.

des politiques d'intervention précoce. Le transfert des connaissances en neurosciences vers les politiques publiques est pourtant problématique, dans la mesure où il conduit à la fois à biologiser et à individualiser, et même à décontextualiser les problèmes[26]. Il semble que cette piste séduise de nombreux décideurs publics aujourd'hui, ce qui les amène à concevoir la politique de l'enfance principalement sous l'angle de la responsabilisation des parents.

Le sociologue Frank Furedi a été un des premiers, en 2002[27], à repérer le changement de paradigme que représentent l'apparition et la popularisation de la notion de *parenting*. Ce changement est selon lui loin d'être anodin et traduit une restriction de la fonction de *childrearing* ou de socialisation de l'enfant, celle-ci étant en quelque sorte familialisée, et même parentalisée. Pour le dire autrement, la socialisation assurée par les parents tendrait à occulter les autres instances de socialisation, à un point tel que l'important ne serait plus de la concevoir comme la tâche de toute une génération d'adultes et d'institutions d'une société donnée, mais comme relevant de l'unique responsabilité des parents, seuls garants de l'avenir de l'enfant. D'où l'idée de « déterminisme parental[28] ». En devenant les vecteurs principaux

---

26. *Ibid.*
27. *Ibid.*
28. F. Furedi, 2002, *op. cit.* ; C. Martin et X. Leloup, « Parentaliser le social », *Lien social et Politiques*, n° 85, 2020, p. 5-18, https://www.erudit.org/fr/revues/lsp/2020-n85-lsp05691/1073739ar/

de socialisation, et de ce fait les responsables des réussites comme des échecs de leur progéniture, les parents sont soumis à toutes les injonctions à se comporter en « bons parents », et investissent ce rôle intensément *(intensive parenting)*, au risque de l'*over-parenting* (parents hélicoptères). Ils chercheraient à se doter de compétences garantissant leur « performance », cette dernière étant mesurée par la réussite de l'enfant[29] (au plan scolaire et, plus tard, professionnel). La domination des « experts » et autres coaches comme la marchandisation de modèles standardisés de « bonnes » pratiques parentales renforcent la perception que les pratiques spontanées, et en particulier celles des milieux populaires ou des cultures dominées, sont des pratiques à risque. Elles sèment également le doute et l'anxiété dans les classes moyennes, dans un contexte de panne de l'ascenseur social[30].

Cette rapide rétrospective est une invitation à réfléchir à l'École des parents de demain.

---

29. A. Lareau, *Unequal Childhoods. Class, Race and family Life*, Berkeley, University of California Press, 2e éd., 2011.
30. V. Faircloth, « Parenting and social solidarity in cross-cultural perspective », *Families, Relationships and Societies*, vol. 9, n° 1, 2020, p. 143-159.

Lucien Hounkpatin
Nathalie de Timmerman

Héritages et transformations identitaires : une redéfinition symbolique de l'acte de naissance

Nous recevons, dans notre « clinique de la multiplicité[1] », dispositif de consultations thérapeutiques de groupe[2], des familles aux prises avec la symptomatologie bruyante de leur(s) enfant(s), adolescent(s) qui s'oriente vers toujours plus de destructivité ; signe de souffrances narcissiques et identitaires en lien avec une construction identitaire à entendre dans toute sa singularité et sa complexité, se présentant « sous les traits inquiétants du fouillis, de l'inextricable, du désordre, de l'ambiguïté, de

1. Héritière du dispositif ethnopsychiatrique de Tobie Nathan et du « travail psychanalytique à plusieurs » initié par Bernard Penot.
2. Composé d'un thérapeute principal, d'un médiateur ethnoclinicien, de cothérapeutes (psychologues, psychiatres, assistants sociaux, éducateurs, infirmiers, psychomotriciens…).

l'incertitude[3] ». Élaborée en premier lieu à partir des souffrances liées à la migration, cette clinique s'est aussi adaptée aux situations des nouvelles parentalités, de la périnatalité et à l'évolution des schémas familiaux. La redéfinition symbolique de l'acte de naissance, dans notre travail clinique et de « recherche-action », s'inscrit donc dans la déliaison, la traduction et le tissage des éléments multiples qui constituent l'identité, aboutissant à la coconstruction d'une « pensée fabricatrice », c'est-à-dire d'une pensée fabriquée ensemble et qui fabrique de nouvelles représentations. Cela permet aux personnes en souffrance de sortir d'une forme d'anonymat psychique, de s'approprier de manière constructive leurs héritages psychiques et de se sentir plus légitimes, sur le plan identitaire.

Familières et étrangères à la fois

Deux belles jeunes filles longilignes, à la peau d'ébène, au style vestimentaire métissé, s'avancent dans la salle de consultation. Leur prestance surprend l'assistance rassemblée pour les accueillir. Elles exhibent presque trop de féminité ; un trop qui laisse penser à un trop peu qu'elles tentent de combler. Moréniké et Omodé, âgées respectivement de 16 et 14 ans, nous laissent entrevoir une complicité qui les rend sympathiques même si l'on sent la colère qui les déborde ; cette colère contre

---

3. E. Morin, *Introduction à la pensée complexe*, Paris, ESF éditeur, 1990.

leur mère qui a fait surgir la violence au sein de la maison, à l'origine de leur placement en foyer.

Moréniké et Omodé sont arrivées il y a quatre ans d'Afrique centrale, où elles vivaient dans leur famille maternelle. Leur mère, Mme R., les avait confiées à sa propre mère lors de son départ pour la France, il y a plus de dix ans ; départ contraint par la persécution que subissait son mari, M. R., journaliste, qui n'est pas le père des filles. Elles avaient alors 4 et 2 ans.

Depuis leur arrivée, les malentendus nourrissent la relation parents-filles. Reproches et amertume empêchent toute reconnaissance de la position et fonction de chacun. Moréniké et Omodé expriment leur souffrance chacune à leur manière.

Moréniké agite l'intérieur de la maison : « Elle ne me respectait pas, ne m'obéissait pas, ni à mon mari ; des disputes, des cris, des colères, des coups, elle était insupportable », explique Mme R. ; M. et Mme R. l'envoient donc, moins d'un an après son arrivée, chez son oncle paternel, qui vit en France. Dans le monde d'où vient Mme R., il est usuel qu'un oncle ou une tante prenne le relais des parents quand les difficultés s'installent entre parents et enfants. Moréniké y est accueillie jusqu'à ce que des problèmes financiers mettent fin à cet arrangement, au bout d'un an. « Alors elle est revenue à la maison, mais je ne m'occupais plus d'elle. Elle se débrouillait. Elle avait de quoi manger, se laver, mais pour le reste, je ne voulais plus rien entendre. Il fallait qu'elle comprenne qui était la mère. » Être mère certes, mais qu'en était-il du maternel ?

Quant à Omodé, c'est au collège qu'elle se fait remarquer : agitation, insolence, refus de l'autorité et du travail scolaire lui font risquer l'exclusion définitive. Les difficultés se transportent à l'extérieur de la maison, ce que Mme R. vit comme une humiliation ; elle se sent exposée, jugée dans sa fonction de mère, qu'elle tente tant bien que mal d'assumer. Et la colère l'envahit. Elle « n'arrive plus à [se] contrôler ». Les paroles disparaissent et les coups parlent, jusqu'à ce qu'elle coupe les cheveux d'Omodé, dont celle-ci prenait grand soin ; des cheveux qui, dans le monde africain, sont un symbole de féminité et d'appartenance très important. C'en est trop pour l'adolescente, humiliée à son tour : elle porte plainte, avec l'aide d'une assistante sociale, contre ses parents. Humiliation de plus pour Mme et M. R., convoqués par la police, auditionnés, photographiés. Un rappel à la loi leur est signifié et les filles sont placées en foyer. Mme R. a du mal à entendre la sanction. Elle pense avoir le droit d'éduquer ses enfants comme bon lui semble. « Moi, j'en ai pris des claques. Ici, en France, les parents, c'est les enfants […] et c'est nous qui sommes punis quand elles font les bêtises. » Ce malentendu montre qu'elle ne s'est pas encore approprié les systèmes de pensée et codes de fonctionnement de son pays d'accueil.

Survivance et destructivité

Les mains, la ceinture, les ciseaux sont devenus objets d'une communication qui laisse découvrir les traces malheureuses de la destructivité qui a accompagné Moréniké et Omodé depuis leur conception. Le discours de Mme R. est d'une froideur étonnante lorsqu'elle aborde ce sujet délicat : « Moréniké, son père il […] ne voulait pas d'elle et […] j'ai essayé d'avorter. Je suis allée voir un médecin qui était connu pour ça. Il m'a donné des trucs mais j'ai eu une forte fièvre et il n'a plus voulu m'aider parce que je risquais de mourir. Alors je l'ai gardée. Son père est venu quand j'ai accouché […]. Il a dit : “Elle me ressemble” et il est parti. Il est revenu une fois […] il s'est énervé et il a dit : “Si c'est l'enfant qui pose problème, qu'on le tue et qu'on n'en parle plus.” Et il a déchiré l'acte de naissance, l'original, et on ne l'a plus revu pendant quelque temps. Et, pour Omodé, je me suis fait avoir. J'étais amoureuse de leur père […]. Et là aussi, quand il a su que j'étais enceinte, il a fui. J'ai pensé aussi avorter ; je ne voyais pas comment je m'en sortirais avec deux enfants. »

Nous sommes face à deux enfants nées dans le désir de mort de leur mère et de leur père à leur égard, particulièrement Moréniké ; deux rescapées qui n'ont pu voir dans le regard de Mme R. que son désarroi d'être devenue mère. Dès lors, une instauration des liens précoces chaotique scelle la relation mère-filles. À cette situation s'ajoute le contexte géopolitique – c'est l'époque du coup d'État et la guerre civile fait rage –, qui secoue l'organisation sociale et menace la sécurité individuelle. Ni le dedans, ni le dehors ne peuvent structurer l'accueil de ces jeunes filles au monde.

Mme R., qui rend visite à une amie dont le mari vient d'être assassiné, est emprisonnée avec Omodé, alors âgée de 4 mois. Elles seront séparées quelques semaines avant de se retrouver, grâce à l'insistance téméraire de Mme R. Moréniké, elle, est avec sa grand-mère le jour de l'arrestation. Omodé et sa mère restent six mois en prison, où cette dernière rencontre l'homme qui est aujourd'hui son époux. À la sortie de prison de M. R., ils décident de venir en France, où ils obtiennent le statut de réfugiés politiques. Ce départ ne fait que renforcer, pour les filles, l'inscription de leur histoire commune dans la discontinuité, l'apparition-disparition, source d'insécurité affective et narcissique.

RETROUVAILLES ?

Il aura fallu huit ans et de multiples démarches pour que les retrouvailles soient possibles ; huit années d'attente qui n'ont laissé comme trace que le goût amer de l'abandon, Moréniké et Omodé ne sachant pas vraiment pourquoi leur mère ne revenait pas. Une fois installés en France, Mme et M. R. ont un garçon, qui a aujourd'hui 7 ans ; un petit frère dont elles n'apprennent l'existence que quelques jours avant d'arriver en France, accompagnées par leur oncle et leur grand-mère maternels. Leur départ a-t-il été préparé ? Quels sentiments les ont envahies pendant le voyage, puis en voyant leur mère à l'aéroport ? « Elle avait changé, elle n'était plus comme avant. Je ne l'ai pas reconnue tout de suite », se souvient Moréniké. Quant à Omodé, c'est à sa voix qu'elle la reconnaît. Elles découvrent également le mari de leur mère et leur petit frère, dont elles diront « qu'il était bien le seul [qu'elles] avaient envie de voir ».

Moréniké se souvient que, malgré ses inquiétudes, elle espérait beaucoup de ces retrouvailles : « J'avais beaucoup de colère, mais je voulais oublier le passé et repartir à zéro. J'étais ouverte, je voulais faire plein de choses avec eux. Mais rien… Je ne sais pas ce qu'ils avaient dans la tête, ce qu'ils voulaient. » Omodé, quant à elle, souhaitait découvrir une mère aimante, sans doute rêvée, qui cicatriserait ses plaies, remplirait le vide, en qui elle pourrait se reconnaître. Mais « ma mère, au lieu de me consoler, en rajoute. Et ça lui fait plaisir. Tout ça, ça laisse des traces, ça fait mal. On ne se comprend pas, j'ai pas grandi avec elle », nous dit-elle.

Les adolescentes ne ménagent pas Mme R., concernant les années antérieures non plus. Omodé : « Au téléphone, on lui demandait tout le temps quand on allait la voir. Elle disait bientôt, bientôt, mais à force je ne la croyais plus. Je ne suis pas sûre que j'avais envie de venir, en fait. » Moréniké : « Elle n'a pas dit qu'elle partait, déjà. […] C'est quand j'ai posé la question à mon oncle qu'il m'a dit qu'elle était partie en France. J'avais 6 ans à peu près. Je ne sais pas si j'ai tout compris tout de suite, mais j'ai pleuré. Elle nous a abandonnées. Quand j'y pense aujourd'hui, c'est normal, elle ne voulait pas de nous, on n'aurait jamais dû naître. » Mme R. rétorque : « Non, non, je ne vous ai pas abandonnées, croyez-moi. Vous êtes mes filles et vous le resterez toute votre vie et toute ma vie. Je vous ai laissées à ma mère et elle s'est bien occupée de vous. Vous avez bien grandi chez elle. »

Avoir deux pères mais n'en avoir aucun !

Moréniké et Omodé ont rejoint leur mère une fois actée leur adoption par M. R. C'était déjà le projet des époux en quittant le pays. M. R. a donc entamé les démarches bien avant l'arrivée des jeunes filles. Mais ce qui aurait pu instaurer un lien de filiation est vécu par elles comme une capture, un désaveu.

Omodé nous dit : « Pourquoi a-t-on été adoptées ? On a un père, non ? Eh ben maintenant on en a deux. » Moréniké enchérit : « Pour notre mère, c'est comme si notre père ne devait pas exister. Même nos tantes [paternelles] qui sont ici, elle veut pas qu'on les voie. [...] Un jour, elle nous a dit qu'on ne s'appelait plus S. mais R. ! » Une identité qu'elles refusent. « On ne nous a pas demandé notre avis, poursuit l'aînée. C'est comme si notre mère nous disait : "Je vous ai trouvé un père..." Mais on en a un ! Il s'est pas occupé de nous, c'est vrai, mais on a une famille. » Refusant cette filiation factice, elles inscrivent psychiquement la procédure d'adoption comme « non-lieu », sans doute pour lutter contre le « non-lieu » de leur existence que pourrait représenter ce double désaveu :

l'annulation du père biologique par la mère et le rejet de ses filles par leur père. Ce qui les amène à partir en quête, dans la famille paternelle, d'éléments identitaires qui leur manquent.

La question « Pourquoi on a été adoptées ? » est tout à fait légitime, d'autant que l'acte d'adoption plénière, en faisant disparaître le père biologique, a visiblement fait entrave à l'adoption psychique entre M. R. et les filles. Dans le monde qui les a vues naître, cette question ne se serait pas posée. En effet, le père biologique y est toujours reconnu dans son statut, mais tout autre homme en âge d'assumer la fonction peut être nommé père par les enfants. M. et Mme R. expliquent qu'ils ont souhaité faire les démarches conformément aux lois du pays d'accueil, mais reconnaissent ne pas avoir expliqué leur motivation aux filles. D'où le rejet de celles-ci, alors que cet acte légal aurait pu, traduit et explicité, préserver le lien psychique au père biologique et même renforcer son statut vis-à-vis de ses filles. Au lieu de cela, Omodé et Moréniké ne peuvent se penser que filles d'un père *ou* d'une mère, pas filles d'un père *et* d'une mère.

La greffe entre M. R. et ses deux filles n'a pas pris alors qu'elles reconnaissent par ailleurs sa bienveillance et sa disponibilité à leur égard. L'annulation administrative de la filiation originelle vaut-elle annulation psychique ? La nouvelle filiation garantit-elle l'adoption psychique ou est-elle un frein à cette adoption ? Autrement dit : est-ce qu'un père annule l'autre ? Voilà les questions posées par ces adolescentes qui cherchent, par la révolte qui les a conduites en consultation et en contactant la famille paternelle, contre leur mère, sans filet, sans filtre, les éléments manquants de leur édifice identitaire, en quête non de leur père biologique mais d'une famille paternelle, source de transmission. Mme R. n'a pas su composer avec le paternel biologique pour le traduire à ses filles autrement que dans le négatif, désavouant le couple parental formé jadis avec leur père.

Du côté maternel, les sœurs ont bénéficié d'un cadre contenant et structurant, et d'une transmission qui leur permet de « se reconnaître en » et de reconnaître le pilier qu'a été pour elles leur grand-mère. Elles expriment beaucoup de tristesse lorsqu'elles évoquent leur vie avec elle et avec cette famille maternelle : « On était bien, là-bas, elle était gentille avec nous, elle faisait attention à nous. Elle nous a appris plein de choses », se souvient Omodé, qui précise : « Le frère de maman, il n'avait pas besoin de crier pour qu'on obéisse. Ça me fait rire quand j'y pense. [...] Tout ce qu'ils ont fait pour nous, je ne veux pas l'oublier. » Cet attachement semble avoir compensé les dysfonctionnements de l'instauration des liens précoces et de la relation mère-filles. Même de façon inachevée, du fait de leur départ, la famille maternelle a déposé en elles des objets d'héritage. Ils ne sont pas encore fonctionnels, car le contexte culturel d'accueil ne le permet pas sans traduction ni transformation. Notre travail consiste aujourd'hui à opérer cette traduction d'un monde à l'autre pour qu'elles puissent consolider et enrichir ces bases identitaires, les constituer en héritages constructifs. Elles pourront ainsi s'approprier cette part de leur identité et s'ouvrir à d'autres transmissions.

DÉFAUT DE MYTHE

Psychiquement structurées par la destructivité de leur mère, Moréniké et Omodé retrouvent cette dernière dans le déni de l'abandon et de leur sentiment de perte, ce qui ne fait que renforcer la destructivité dans leur relation. Cette destructivité ne permet pas à Mme R. d'incarner sa fonction maternelle autrement que dans la position de propriétaire de ses filles ou en leur imposant son propre désir – ici un père adoptif. Du fait de cette impossibilité à s'inscrire dans son « être mère », elle met à mal l'installation de ses filles dans la position d'« être héritières ». Elle ne peut leur donner aucun récit structurant de leur histoire, de leur préhistoire et ne répond que de manière passive ou agressive aux comportements – aux appels ! – de Moréniké et Omodé. Les traces qu'elle dépose de cette histoire sont parcellaires et, à défaut de traduction, ne peuvent s'inscrire psychiquement chez elles. Elles ne se constituent pas en un récit porteur de transmission, qui aurait pu être le point d'ancrage de la constitution de leur(s) héritage(s) et de leur position d'héritières du monde maternel. Moréniké et Omodé s'interrogent donc sur la motivation de leur mère à les faire venir en France : « Pourquoi on est là ? À quoi ça lui a servi qu'on soit là ? Le résultat n'est pas chouette. Elle aurait mieux fait de nous laisser avec notre grand-mère. Je pleure souvent quand je pense à ma grand-mère. [...] C'est elle notre vraie mère. »

L'environnement trouvé, au lieu de compenser l'environnement perdu, ravive les blessures de l'abandon, les plaies liées au rejet de leur mère à qui elles ne cessent pourtant de lancer des appels que cette dernière n'entend pas, même si elle s'évertue à revendiquer cette place qu'elle n'assume pas. Le support qui leur permettrait de se reconnaître « filles de » – portage, accompagnement et transmission du maternel, du féminin –, elles l'ont reçu de leur grand-mère mais ne le retrouvent pas aujourd'hui chez Mme R. Elles ne trouvent pas non plus le support qui leur faciliterait la recherche des héritages paternels. Pour rejoindre Bernard Penot, nous pouvons dire que « la famille semble avoir échoué à fabriquer suffisamment de mythe (en grec ancien *mûthos,* signifiant simplement "parole", "discours") pour établir les liaisons de sens indispensables à la transmission de sa propre histoire[4] ». Alors Morénike et Omodé, par leur comportement, par leur rejet de l'adoption, construisent leur propre mythe. Un mythe de survivance, du « non-lieu » – défini par l'anthropologue Marc Augé[5] comme « espace[s] qui ne peu[ven]t se

4. B. Penot, « Travailler psychanalytiquement à plusieurs, la reprise d'une condition première de la subjectivation », dans F. Richard et S. Wainrib (sous la direction de), *La subjectivation,* Paris, Dunod, 2006.
5. M. Augé, *Non-lieux. Introduction à une anthropologie de la surmodernité,* Paris, Le Seuil, 1992.

définir ni comme identitaire[s], ni comme relationnel[s], ni comme historique[s] » –, à l'aune de la destructivité, fondement de leur édifice identitaire. Cela avec le risque qu'elles se répudient psychiquement elles-mêmes, et du même coup qu'elles répudient leurs deux parents, ce qui ferait d'elles des autofondées, des électrons libres en quête d'appartenance. Devenues « identités sans domicile fixe », elles restent en marge des multiples mondes qui auraient dû façonner leur identité : le monde de là-bas (transmission inachevée) ; le monde d'ici, qu'elles ont du mal à s'approprier ; le monde maternel ; le monde paternel, difficilement accessible ; le monde paternel d'adoption, qu'elles refusent. Des éléments identitaires non articulés qui les agitent et les poussent dans une quête destructrice de légitimation. Nous explorons les traces de ces héritages dans le travail clinique et tentons de leur appliquer une « traduction contextualisante », pour qu'un processus de transmission puisse s'amorcer.

Traduire et contextualiser permet en effet que s'ouvrent de nouveaux espaces narratifs, qu'une histoire se déroule, inscrivant les souffrances psychiques dans un réseau de sens articulés constituant un mythe d'existence qui aide à passer d'un monde à l'autre, d'un état d'être à un autre ; à se construire un réservoir d'héritages permettant de dévoiler la mosaïque d'une identité restée jusque-là indéchiffrable, indéfinissable. C'est dans cette dynamique que nous relevons les traces en difficulté d'inscription, qu'aucune traduction n'a pu jusqu'ici rendre fonctionnelles ; traces transformées en « intraduits » psychiques libérant la négativité, toujours présentes et actives, et que Freud appelait *fueros*[6].

Le travail de migration

Dans l'histoire de Moréniké et Omodé, c'est la question de l'accueil, dans sa dimension réciproque – accueillir et se laisser accueillir –, qui est problématique. Il est une donnée essentielle dans l'instauration des liens. Fondement de la dynamique de reconnaissance et de légitimation, il en est la composante germinative. L'accueil au monde par leurs deux parents leur a fait défaut et la disparition de leur mère, lors de son incarcération, puis de son départ en France, a renforcé leur sentiment de rejet et d'abandon. Elles arrivent en France et l'histoire se répète. Elles sont accueillies par un couple qui leur impose une filiation qu'elles ne peuvent reconnaître. Le désaveu de leur filiation originelle ravive les traces du rejet et de l'abandon et déclenche tensions, conflits et violences. L'éloignement mère-filles, nécessaire, est décidé pour apaiser ces tensions. Cette histoire, non traduite, non contextualisée, qui fait d'elles des « identités sans domicile fixe », installe chacun dans la famille en position d'émigrant dans sa fonction, c'est-à-dire en voie de devenir « fille de », « parent de ».

6. S. Freud, *Lettres à Wilhelm Fliess*, Paris, Puf, 2006.

Il est important de travailler cette dimension de l'émigration. Ce « travail de migration » permet à l'équipe de thérapeutes, à partir de la « traduction contextualisante », de traiter les achoppements dans le passage d'un monde à l'autre, d'un état d'être à un autre ; de saisir, à l'interface de ces mondes, de ces états, les perturbations psychiques que ces passages ont entraîné et celles qui les ont éventuellement précédés, pour mettre du sens sur cette difficulté, voire cette impossibilité d'effectuer ces passages. Pour cela, il nous faut mener un travail d'archéologie psychique, strate par strate, à la recherche des fondements de l'identité à restaurer, des traces heureuses qui ont pu s'inscrire et être élaborées, mais aussi des traces malheureuses en quête de symbolisation et d'élaboration. Car, non traitées, elles laissent l'individu figé dans sa position d'émigrant, dans l'impossibilité de faire le deuil de son « être d'avant ».

Il s'agit ainsi de redéfinir, réaménager, tisser les multiples éléments identitaires qui le constituent, pour qu'il puisse s'approprier différemment ses héritages psychiques et se sentir légitime dans son identité. Travailler avec la famille autour des multiples héritages facilite, pour chacun, la restauration d'une identité jusqu'ici clivée, abîmée.

Le « travail de migration », par cette « traduction contextualisante », favorise l'enclenchement d'un processus de transformation des représentations. Dans ce sens, il est une condition au processus de symbolisation. Le travail de réaménagement psychique soutient la « redéfinition symbolique de l'acte de naissance » de chacun et lui donne l'occasion non seulement de se reconnaître « fils de » ou « fils d'un monde », mais aussi héritier des différents mondes qu'il traverse. Il permet ainsi de « tapisser l'intérieur » de l'individu et facilite le passage de l'« identité sans domicile fixe » à une identité inscrite dans un chez-soi. Dans cette dynamique de passage et de transformation, il s'agit d'aider les jeunes gens et leurs parents à être archéologues de leur passé pour qu'ils puissent devenir architectes et artisans de leur vie future.

Abdessalem Yahyaoui

Parentalité et processus d'interculturation : entre perte, douleur et transformations

Les parents issus de l'immigration ont internalisé les modèles éducatifs de leur pays d'origine. Comment le processus de parentalisation survit-il à l'épreuve de l'exil ? Le soutien institutionnel est-il vécu comme un support à la parentalité ou contribue-t-il à renforcer les désaccordages entre parents et enfant ? En quoi les épreuves auxquelles est confrontée la parentalité participent-elles au travail de transformation de l'« être parent en situation migratoire » ?

Parentalité à l'épreuve de l'exil

Nous connaissons l'impact de l'immigration sur l'économie psychique individuelle[1]. Elle est

1. A. Yahyaoui, *Exil et déracinement. Thérapie familiale des migrants,* Paris, Dunod, 2010.

souvent ressentie comme une expérience de perte capable de raviver des expériences douloureuses et de participer à un effondrement du sujet. Elle attaque l'équilibre individuel à différents niveaux.

– *Au niveau sensoriel,* la rupture des enveloppes culturelles qui participent au sentiment de continuité et de familiarité[2] – *enveloppes auditives, gustatives, olfactives, visuelles,* toutes surchargées culturellement – provoque souvent un sentiment d'étrangeté et de discontinuité entre le dedans et le dehors.

– *Au niveau de la sphère cognitive,* les processus de pensée sont mis à l'épreuve par cette rupture des enveloppes sensorielles, par la nouvelle langue, la nouvelle réalité, difficiles à décoder. Un certain nombre de migrants, plus particulièrement des femmes, ne parlent pas la langue du pays d'accueil, même au bout de plusieurs dizaines d'années. Cela accentue leur sentiment d'étrangeté et d'isolement, leur inquiétude, et réduit leur espace vital. Plusieurs évoquent un sentiment d'étouffement, d'« être dans le noir », « perdues », de « naviguer sans boussole »... Face au médecin, au professeur, à l'administration qui gère les papiers, elles font des efforts coûteux pour capter et interpréter un signe, un mot... et comprennent souvent de travers. Elles restent tributaires d'un enfant ou d'un interprète

---

2. A. Yahyaoui, « Enveloppes culturelles et souffrance familiale. Expérience de perte et travail de reconstruction », dans G. Decherf (sous la direction de), *Crises familiales : violence et reconstruction*, Paris, In Press, 2004, p. 217-231.

pour traduire une pensée, une demande. Certaines personnes semblent maîtriser le français mais ne le comprennent pas si bien : elles parlent une langue fonctionnelle, apprise à l'école ou avec les enfants, mais qui n'est pas passée par le crible de la vie quotidienne, expérimentée dans ses nuances, ses métaphores, son imaginaire. Nombreuses également sont les dissonances cognitives vécues chaque jour. Elles concernent le rapport au temps, à l'espacc, aux autres, aux institutions.

– *Au niveau de la sphère affective,* la perte du confort affectif apporté autrefois par le cadre de vie familial, amical peut être douloureuse. Parfois, le sentiment de perte concerne des objets, l'espace, une ambiance… Certaines personnes le vivent sur un mode nostalgique et doivent passer par des réaménagements psychiques considérables pour gérer ce sentiment. L'immigration est aussi une expérience de rencontre avec la réalité, c'est-à-dire de chocs – des mentalités, des cultures – qui peuvent donner lieu à des déceptions, des frustrations, et fragiliser des croyances ayant fonctionné jusque-là. Ne pas sombrer dans le repli et l'élaboration nostalgique de ce vécu nécessite aussi une grande énergie psychique. Cette rencontre est également l'occasion de mettre en route un processus d'interculturation qui engendre un travail de distanciation par rapport à la culture d'origine. L'immigré se trouve de fait entraîné dans un processus de changement qui peut induire chez lui un sentiment de déloyauté, voire de culpabilité par rapport à ses appartenances premières. Il se trouve, par conséquent, exposé à ce que nous avons appelé le paradoxe de l'immigration[3]. Du côté du pays d'accueil, on lui demande de partir et en même temps de s'intégrer (s'assimiler), et du côté du pays d'origine on lui demande de rester et en même temps de rester le même. Ces messages contradictoires rappellent ce qu'on appelle en systémique un *double bind.*

Attaque du sentiment de continuité, d'identité, d'estime de soi, d'auto-efficacité

L'immigré perd son cadre de référence extérieur et, de ce fait, risque de voir vaciller son cadre intérieur. En outre, il doit faire face à une attaque identitaire, c'est-à-dire à la non-reconnaissance par les autres de ce qu'il est et de ce dont il est capable. Dépendant de son nouvel environnement, ne sachant plus se prendre en charge, il devient socialement invalide. Certains n'osent plus parler de leur passé à leurs enfants, tant l'écart est grand entre leur statut dans leur pays d'origine et celui qu'ils ont dans le pays d'accueil. Ce cas de figure correspond principalement à celui des exilés de guerre, politiques ou qui ont fui une menace terroriste.

---

3. A. Yahyaoui, « Du sentiment de sécurité au bien-être social : les paradoxes de l'intégration », *Confluences,* n° 1, 1991, p. 44-52 ; A. Yahyaoui, « Paradoxes de l'entre-deux et genèse des passages à l'acte violents », 2000, dans A. Yahyaoui (sous la direction de), *Violence, passage à l'acte et situations de rupture,* Grenoble, La Pensée sauvage, p. 41-42.

Le « stress acculturatif[4] » qui découle de ces expériences d'attaque et de perte peut installer le sujet dans un sentiment de vulnérabilité persistant, dans une réelle rupture avec son environnement social et la dépendance à l'égard de ses enfants. De l'évolution de ces expériences dépendront ses capacités de contenance et sa disponibilité en tant que parent, son niveau d'engagement dans la santé scolaire et sociale de ses enfants.

Perte des repères et crise de la conjugalité

Dans les pays d'origine des migrants, les mariages coutumiers, arrangés et parfois forcés sont fréquents, et donnent lieu à des « grouples » plutôt qu'à des couples. L'objectif d'une telle stratégie est que le couple soit infiltré par les idéaux du groupe, que l'objet couple s'efface devant l'objet groupe.

Dans le contexte migratoire, l'homme fait venir une femme qu'il ne connaît pas. Leur rencontre dans un espace nouveau les expose à une réalité de couple, un face-à-face qui remplace une relation habituellement saturée en présence multigénérationnelle et en étais culturels. Elle les confronte à la réalité du mariage arrangé, véritable contrat entre familles, où l'intimité qui naît s'exprime davantage en termes d'habituation, d'attachement, de dépendance qu'en termes d'amour, de partage,

4. A. Yahyaoui, « Stress acculturatif, attachement et résilience », dans B. Cyrulnik et M. Delage, *Famille et Résilience*, Paris, Odile Jacob, 2010, p. 319-343.

d'égalité. Les contentieux entre époux, souvent contenus par la famille élargie, prennent parfois de grandes proportions dans un contexte d'isolement du couple. L'absence de pare-excitation culturelle ou groupale expose en effet le couple à des difficultés de communication en partie inhérentes à la logique de la rencontre des sexes dans certains milieux traditionnalistes. N'être qu'à deux sous le même toit, exprimer des désirs et des fantasmes sexuels à l'autre, élaborer ensemble des projets d'avenir semble poser problème.

Lorsque à cela s'ajoute l'incapacité de l'environnement social et institutionnel à apporter une réponse adéquate à l'état d'excitation psychique des partenaires, des vécus intrapsychiques individuels finissent par faire irruption sur la scène du couple, affectant particulièrement les liens intersexes. Des angoisses telles que celle d'« être renvoyé du foyer, de rester sans toit, sans famille, d'être répudié[5] » viennent submerger ces liens.

Chez les hommes, elles se déclenchent souvent quand leur épouse entreprend une reconquête de soi que la tradition du pays d'origine ne favorise pas. Par cette tentative de redéfinition de soi-même, de son mari, de son couple, la femme met en péril les mythes organisateurs des liens intersexes et l'homme panique. Pour lui, elle trahit l'idéal

5. A. Yahyaoui, « Liens inter-sexes et migration : entre désenchantement et réappropriation », *Le Divan familial*, n° 9, automne 2002, p. 13-24.

féminin caractérisé par l'immobilité spatiale, la soumission, l'abnégation et le repli social.

Cette crise conjugale inaugure en réalité une véritable entreprise de transformation, qui mobilise beaucoup d'énergie et fait subir aux deux partenaires des pertes douloureuses : perte de repères, sentiment de déloyauté, de désaffiliation, de marginalisation, de solitude, avec des risques de violence… Leurs difficultés à penser le couple comme une entité autonome du groupe, capable de communiquer sur ses problèmes et de demander une aide extérieure, les plongent souvent dans un profond désordre intérieur et, la communication entre eux devenant dysfonctionnelle, donnent à chacun l'occasion de prendre une revanche sur l'autre en renouant de manière rigide avec certaines représentations collectives de l'altérité et des liens intersexes, tels le manque de confiance en l'autre et le besoin de contrôle. L'excitation psychique et les passages à l'acte qui en découlent prennent, souvent, le pas sur leurs responsabilités en tant qu'époux et en tant que parents.

De la conjugalité en crise à la coparentalité en souffrance

La régulation entre conjugalité et parentalité n'étant plus assurée, on assiste à une inversion spectaculaire des rôles, voire des fonctions de chacun[6].

---

6. A. Yahyaoui (sous la direction de), *Destins de femmes, réalités de l'exil*, Grenoble, La Pensée Sauvage, 1994.

Désormais, la femme s'approprie le temps, l'espace, la relation à l'étranger, l'avenir des enfants, la gestion du budget familial… L'enfant devient le lieu et l'enjeu de la féminité de la mère. L'homme quitte ses fonctions habituelles pour remplir celles de pourvoyeur de fonds, lorsque l'accès au travail est possible. Ainsi, par manque de médiation, la crise conjugale transforme les relations entre la mère et ses enfants en un ensemble de coalitions mère-enfants qui tendent à exclure le père. Ce dernier est perçu par ces coalitions comme un personnage rigide et autoritariste[7]. Beaucoup de femmes s'approprient le pouvoir détenu jusque-là par le père, prenant parfois des décisions graves et définitives concernant l'avenir de la famille sans le concerter, parfois contre lui.

Par ailleurs, on sait que si le père porte la loi, ce n'est pas lui qui la dit mais la mère. Les enfants sont beaucoup plus exposés à la parole de la mère qu'à celle du père. En cas de conflit conjugal, elle reste seule à décider de la signification à donner à la parole de son mari. C'est ainsi que certaines mères, par l'emprise qu'elles ont sur leurs enfants, empêchent toute rencontre réelle entre ces derniers et leur père, présenté comme un « monstrueux blédar » (beaucoup d'enfants, à l'âge adulte, cherchent à rattraper le temps perdu, travaillés par le regret et la culpabilité). L'éviction du père est

7. A. Yahyaoui (sous la direction de), *De la place du père. Entre mythe familial et idéologies institutionnelles*, Grenoble, La Pensée sauvage, 1997.

facilitée par l'absence de « pères de substitution » (oncles, grands-pères, voisins…), souvent présents dans les pays d'origine. Dans ces situations, la mère fait sienne la loi, épaulée par les services d'assistance sociale. Le père apparaît dès lors, à travers les écrits de certains services sociaux, comme la cause du malheur de tous et l'obstacle à une intervention efficace. Il est l'absent qu'on n'a pas encore trouvé le moyen de faire entrer physiquement sur la scène de la protection de l'enfance et du soutien à la parentalité.

PARENTALITÉ AUX PRISES AVEC L'ENFANCE : ILLUSTRATION CLINIQUE

Fortement mis à mal par les crises conjugales, père comme mère se trouvent en difficulté pour apporter des réponses adaptées aux besoins de leurs enfants. D'autant plus que ces derniers, nés ou ayant grandi dans le pays d'accueil, éprouvent des besoins et expriment des attentes en décalage par rapport à leurs modèles internes en termes de parentalité. En effet, la situation migratoire amène l'enfant à comparer le modèle parental de sa famille à celui du pays d'accueil. À travers la télévision, à l'école, lors d'anniversaires, dans la rue, il constate que les parents de ses copains français n'investissent pas leurs enfants comme le font ses propres parents, ce qui éveille chez lui de nouvelles attentes : amour explicite, reconnaissance, proximité intellectuelle, affective… La majorité des parents issus de milieux traditionnels dominés par une hiérarchie marquée des âges, des sexes et des cultures, et partant par la distance physique, cognitive et affective (pudeur), se trouvent désemparés car ils ne peuvent pas s'appuyer sur leur expérience pour répondre à ces attentes.

La vignette clinique qui suit illustre clairement ce propos. Nous recevons dans notre dispositif d'appui à la parentalité en situation interculturelle des parents d'origine turque à la suite de plaintes répétées de leur fille de 10 ans, placée dans une institution pour enfants porteurs de handicap. Cette fille, que nous appellerons Gulfer, se plaint souvent du fait que sa mère ne l'aime pas.

Sont présents pendant la séance les deux psychologues et trois stagiaires du dispositif, les parents, la jeune fille, ses référentes psychologue et éducatrice. Après les présentations, les deux professionnelles font état des plaintes de Gulfer. Nous lui demandons si elle est d'accord avec leur exposition des faits. Elle regarde sa mère en face et lui dit : « Tu ne m'aimes pas. » La mère fond en larmes et ne dit plus un mot. Le père s'excuse pour son épouse.

Avant de clore la séance, nous proposons à Gulfer de demander à sa mère ce qu'elle souhaite que cette dernière fasse pour lui montrer son amour. Elle se positionne, fixe sa mère et dit : « Je veux que tu me prennes sur tes genoux, que tu me coiffes les cheveux, que le soir tu me racontes des histoires avant de me coucher et que tu me dises que tu m'aimes. » Nous demandons à la maman si elle peut répondre à cette requête. Elle regarde alors

Gulfer et répond par un oui timide. Nous mettons l'accent sur les besoins de l'enfant et encourageons le père à soutenir la dyade mère-enfant.

Quand nous les revoyons, un mois après, nous invitons Gulfer à nous dire si sa mère l'a aimée comme elle l'a demandé. Elle regarde sa mère en face et lui dit qu'elle n'en a rien fait. Plus loquace que pendant la séance précédente, la mère rappelle à sa fille ce qu'elle a fait avec elle pendant le mois écoulé : elle l'a sortie plusieurs fois, lui a acheté des vêtements… Gulfer répond que cela ne correspond pas à sa demande. La mère s'étonne.

Notre hypothèse clinique, qui pourrait sortir la dyade de l'impasse, est que le comportement maternel est orienté par un modèle intériorisé qui crée un désaccordage entre les besoins de Gulfer et les réponses apportées par sa mère. Nous l'invitons alors à nous parler de ses relations avec sa propre mère. Elle dit en garder de bons souvenirs et décrit une mère aimante mais distante, par pudeur mais aussi par équité pour ses huit enfants, dont elle n'a pas le temps de s'occuper individuellement : modèle auquel Madame se conforme sans la moindre dissonance apparente. Nous lui demandons s'il lui arrive, maintenant qu'elle vit loin de sa mère, d'éprouver un besoin de plus grande proximité avec elle. Elle affirme que, lors de ses retours en Turquie, sa mère lui fait la bise comme aux membres de la famille vivant sur place. Puis exprime son besoin d'être gardée plus longtemps dans ses bras. Nous insistons sur ce besoin et le relions à celui qu'exprime Gulfer. Cette association permet à la mère de saisir les besoins de sa fille. Son expérience, soutenue par un scénario où domine la distance affective sans que soit mis en cause l'amour maternel, ne lui permettait pas jusque-là de les identifier.

ADOLESCENTS D'ICI, PARENTS D'AILLEURS

Nous savons que l'adolescence, en tant que phase de développement psychoaffectif reconnue, est une création des sociétés postmodernes. Ailleurs, la transition de l'enfance au monde des adultes se résume à quelques rites de passage. Au Maghreb jusqu'à une période récente, et jusqu'à ce jour dans certaines régions, dans le Sud-Est asiatique, en Turquie, en Afrique subsaharienne, l'adolescence n'est pas reconnue comme une phase importante dans la construction de l'intériorité du sujet. Ce qui explique que toute confrontation avec l'ordre public et l'ordre du père constitue une véritable offense non seulement pour le père mais pour l'ensemble du groupe familial et social. C'est dans ces matrices de représentations des liens enfants-adolescents-adultes que sont souvent fabriqués les parents issus des premières générations de l'immigration économique venant de pays émergents.

Ainsi, lorsque ces derniers se trouvent aux prises avec l'adolescence de leurs enfants, qui les exposent parfois sur la place publique, les entraînent là où ils n'avaient pas prévu d'aller (hôtel de police, tribunal…), les contraignent à la confrontation, ils sont démunis, incapables d'identifier ce comportement, leur propre puberté ayant été vécue comme le passage de la dépendance nourricière à la majorité sociale, de la sexualité non génitalisée à la sexualité procréatrice, de la position d'enfant à celle de parent virtuel.

L'adolescence en tant que processus élaboratif[8] n'est pas recevable à leurs yeux[9]. Au contraire, ils projettent souvent sur leurs enfants leur absence d'expérience de l'adolescence, valorisant ce qui les a fait basculer de l'enfance à l'âge adulte : « À 13 ans on m'a mariée… à 15 ans, je suis devenue mère », disent certaines mères ; « à 14 ans, je suis devenu chef de famille » ou « à 16 ans, je me suis marié et je suis devenu père », disent certains pères. Tous évoquent également le respect parfois rigide de la différence des sexes et des générations, la soumission à l'autorité paternelle et ancestrale, exprimant par là leur étonnement face aux comportements rebelles et irresponsables de leurs enfants.

8. Ph. Gutton, « Le pubertaire, ses sources, son devenir », dans M. Perret-Catipovic et F. Lalane (sous la direction de), *Adolescence et psychanalyse : une histoire*, Lausanne, Delachaux & Niestlé, 1997, p. 193-212.

9. A. Yahyaoui, « Parentalités et exil : entre les exigences de l'enfance et l'adolescence rebelle », *Adolescence*, vol. 20, n° 3, 2002, p. 509-519.

La parentalité à l'épreuve de l'institution

La rencontre, autour de l'enfant, entre les parents et les institutions (école, services sociaux, etc.) révèle un hiatus entre le style éducatif des premiers et le modèle du pays d'accueil. L'institution judiciaire, notamment, attaque les mythes fondateurs de la parentalité et met en faillite les styles parentaux ancestraux. Elle disqualifie les parents en transformant leurs comportements éducatifs en maltraitance caractérisée, punie par la loi. En les disqualifiant, elle brouille la hiérarchie des âges et met en difficulté leur autorité mais aussi celle des institutions, entre autres l'école.

La rencontre entre les parents et l'institution socio-éducative peut se faire à la demande des premiers, mais elle se produit souvent dans le cadre d'une mesure administrative ou judiciaire. Dans ce cas, les professionnels sont appréhendés comme le prolongement des institutions qui les mandatent. Une ambiance de suspicion se met en place et parents comme professionnels s'accusent mutuellement de manque d'engagement dans le partenariat pour soutenir la parentalité et aider le développement de l'enfant. Pour les professionnels, les parents ne coopèrent pas et « font à leur tête ». Pour les parents, les professionnels sont suspectés d'aggraver les difficultés, de faire des signalements pour maintenir la mesure. Les quiproquos qui en découlent, et qui se soldent parfois par une rupture de la communication, livrent les enfants à eux-mêmes, à leur toute-puissance, sans possibilité d'être contenus, et encore moins de se contenir.

Entre perte, douleur et transformation

Plusieurs facteurs participent à vulnérabiliser la parentalité en situation d'immigration. L'exil et ses effets, les tensions conjugales, les besoins de l'enfant et la crise d'adolescence, les contraintes de l'institution et la confrontation des modèles éducatifs entraînent une souffrance dont de nombreux parents témoignent, et qui s'exprime selon différents modes : conflit massif de type narcissique et « déconnexion » ou « gel » de la parentalité.

Les conflits qui s'expriment sur le plan narcissique entraînent souvent chez les parents un désaveu de l'enfant. Ainsi, nombreux sont ceux qui nous disent que leurs enfants ne leur appartiennent que jusqu'à l'âge de la scolarité élémentaire. Après quoi ils deviennent les enfants de la France. Nombreux également sont ceux qui décrivent leurs adolescents comme des êtres blasés. Les Maghrébins utilisent le qualificatif de *chab'an* (« rassasié », « blasé »), qui évoque l'autosuffisance, voire le mépris et suscite leur rejet. En cas de crise aiguë, des parents vont jusqu'à vouloir radier leur enfant du livret de famille, ce qui en dit long sur la profondeur du conflit. Dans le pire des cas, l'un ou les deux parents démissionnent, s'effondrent : ils se déprécient, sombrent parfois dans la psychosomatisation.

La « déconnexion » de la parentalité se traduit souvent par une indifférenciation de statut entre les parents et l'enfant, qui devient l'espace de projection des vécus de persécution et de victimisation des parents, avec pour conséquence une déliaison ou un gel des différentes fonctions de la parentalité. La famille se sent alors, de manière uniforme, victime d'un système qu'elle juge maltraitant. Les parents prennent la défense des enfants, déniant ainsi leur responsabilité d'adultes vis-à-vis d'un jeune dont le développement exige une grande présence et une grande capacité de contenance de leur part. D'autres tentent de restaurer leur parentalité en sauvegardant, quel qu'en soit le prix, les relations avec ceux qui la légitiment, à savoir les enfants. Des mécanismes de défense et des stratégies de *coping* régressifs et rigides prennent place (évitement, démission, clivage, déni, désengagement émotionnel, fantasmatisation excessive…). Dans certains contextes, cette déconnexion passe par la parentification d'un enfant qui sert alors de guide aux parents et prend tout en charge. Enfant-interprète, enfant-médiateur, enfant-éducateur de sa fratrie… Cette logique d'inversion des générations n'est pas sans évoquer la figure de l'enfant ancêtre, une figure tutélaire qui met les parents en position d'enfants et qui leur apprend à vivre.

Dans ces situations, des parents ont l'impression d'avoir échoué dans leur double projet : la migration et la transmission. Les conséquences de ces sentiments d'échec ont des retentissements sur la qualité de l'accompagnement des enfants, la capacité à les porter et à les inscrire dans ce nouveau monde, dans un projet de vie qui s'inspire des données de l'ici et maintenant. Elles se dévoilent enfin à travers le niveau de cohérence entre le dedans (culture familiale) et le dehors (culture du pays d'accueil), et le désir de s'intégrer sans rompre avec l'essentiel de ses affiliations et de ses appartenances.

Toutefois, ces moments de rupture constituent aussi des opérateurs efficaces de transformation des mythes fondateurs de la parentalité, l'occasion de faire émerger des « néo-mythes », organisant de nouvelles formes de parentalité. En effet, le système familial est ainsi acculé à un travail de réaménagement psychique mettant en jeu les modes de communication, les statuts et les rôles de chacun en son sein. De la résignation forcée à l'assimilation progressive, il finit par produire du changement dans la façon de penser l'enfant et de l'accompagner au quotidien.

Même si ce changement est parfois dénié par les parents, par crainte de faire preuve de déloyauté vis-à-vis de la culture d'origine ou de paraître manquer de contrôle sur leurs enfants, son issue est l'équilibre du groupe familial, la sauvegarde des liens de filiation, d'appartenance et la reconquête de la paix familiale et sociale.

Les dispositifs d'appui à la parentalité qui proposent de soutenir cette transformation se sont généralisés à l'échelle nationale. Parmi eux, citons ceux que nous avons mis en place et qui tiennent compte de cette dimension interculturelle. Ils fonctionnent depuis les années 1980 à Grenoble, à l'APPM-CREFSI[10], et depuis 2000 à Chambéry, à l'ADDCAES[11], mais aussi dans certains centres sociaux[12], institutions de la protection de l'enfance et collèges[13] sur tout le territoire hexagonal et sont gratuits.

Ces dispositifs de groupe[14] accueillent les parents d'origine étrangère en désaccordage avec leurs enfants et les institutions qui accompagnent ces derniers. Le travail est centré sur la notion de besoin[15] : besoins du couple, besoins de la famille, besoins de chacun des partenaires, besoins des enfants. Pour permettre un meilleur accordage entre ceux des enfants et les réponses des parents,

---

10. Centre de psychologie clinique interculturelle APPM-CREFSI-Grenoble-38.
11. Association départementale pour le développement et la coordination des actions auprès des étrangers de la Savoie-Chambéry-73.
12. A. Yahyaoui, D. Ben Hadj-Lakhdar et H. Dubrez, « Dysfonctionnement de l'environnement et travail en réseau : approche clinique d'un lien social », *Pratiques psychologiques*, n° 12, 2006, p. 177-190.
13. A. Yahyaoui, N. Ouerhani, D. Yahyaoui et S. Gaultier : « Prise en charge de la violence et du décrochage scolaire. Résultat d'une recherche action sur le modèle triangulaire au sein d'un collège à Grenoble », *Neuropsychiatrie de l'enfance et de l'adolescence*, vol. 66, n° 7-8, 2018, p. 411-420.
14. A. Yahyaoui, « Consultation familiale ethnopsychanalytique et cadre interculturel : le discours à double voie (voix) ou le secret de Polichinelle », *Perspectives psychiatriques*, 27e année, n° 13/III, 1988, p. 204-214 ; A. Yahyaoui, *Exil et déracinement. Thérapie familiale des migrants, op. cit.*
15. A. Yahyaoui, *Enfants d'ici, parents d'ailleurs. Clinique transculturelle centrée sur les besoins*, Paris, Fabert, à paraître, 2021.

nous organisons chaque consultation autour de trois axes :
– l'exil et ses conséquences ;
– les représentations culturelles des liens intersexes et intergénérationnels, en termes de croyances autobloquantes, modèles ou schémas internes dysfonctionnels compte tenu de la nouvelle configuration familiale et des normes du pays d'accueil ;
– le processus d'interculturation en tant que mouvement de rencontre, de comparaison, de déconstruction et de reconstruction.

Chaque consultation est pensée comme une fin en soi et devrait se conclure par la découverte de voies de dégagement par les parents et les enfants. La séance, de deux à trois heures, a comme objectif le dégel de la parentalité, une meilleure reconnaissance des besoins des uns et des autres et la collaboration nécessaire pour satisfaire ces besoins. Elle vise également un meilleur ajustement entre la culture du dedans (familiale) et celle du dehors (pays d'accueil).

Ces consultations aident non seulement à contenir les conséquences négatives de l'exil mais aussi à mettre au travail les croyances et schémas autobloquants qui compliquent la communication et empêchent de repérer les besoins frustrés des membres de la famille. La qualité de la communication intra- et intergénérationnelle, la pacification des liens étant souvent tributaires de leur satisfaction.

Elles offrent en outre aux professionnels accompagnants un espace d'analyse de la pratique in vivo et une occasion de coconstruction d'hypothèses de travail. Leur généralisation et leur ouverture sur l'espace social (centres sociaux, quartiers, établissements scolaires…) ne peuvent que contribuer à l'émergence et à la consolidation de formes de parentalité mieux accordées aux besoins de l'enfant et aux normes communes de la parentalité dans le pays d'accueil, et ce sans mettre en cause les filiations et les appartenances.

Pierre Suesser

Prévention en santé familiale et infantile, précarité et inégalités de santé

La question de la prévention en santé familiale et infantile peut être mise en perspective et discutée à partir de l'expérience du dispositif de protection maternelle et infantile (PMI), qui prévoit un accès universel à des services de prévention gratuits, ouverts aux jeunes enfants et adolescents, aux femmes et familles de tous milieux, en accordant une attention particulière aux personnes en situation de vulnérabilité ou de précarité sociale, auprès desquelles les professionnels sont tenus d'ajuster leur pratiques.

Plaidoyer en faveur d'une prévention à la fois universelle et ajustée

Bref aperçu de la pratique des services de protection maternelle et infantile

L'implantation des services de PMI entend favoriser un lien de proximité entre les professionnels d'une part, les enfants, les familles et les adolescents d'autre part. Cette proximité offre un socle à l'attention préventive des professionnels, qui entre en écho avec la propre attention des parents au développement et à la santé de leur enfant et la soutient. Une approche qui concerne tous les parents puisque l'attente d'un enfant, puis sa naissance constituent pour chacun d'eux un moment de profond remaniement qui peut révéler ou renforcer certaines fragilités, mais aussi la créativité nécessaire pour les dépasser. Le souci de la santé de l'enfant, les soins à lui apporter sont, pour chacun, des leviers très puissants du « devenir parent ».

Le positionnement des professionnels de PMI s'ancre dès lors dans une approche préventive centrée, dès la grossesse, sur le processus long du développement de l'enfant, de la parentalité, en partant des préoccupations des femmes enceintes, des parents : il s'agit de promouvoir la santé au sens de « porter vers l'avant, vers l'avenir » l'enfant qui a tant besoin pour grandir de parents confiants en leur capacité de contribuer à son épanouissement. Le dialogue institué dès la période prénatale, et qui se poursuit dans les premières semaines de vie de l'enfant, permet ainsi l'expression des préoccupations des parents concernant les aspects somatiques et psychologiques de la santé de leur enfant, ainsi que les déterminants sociaux et environnementaux qui l'influencent, sans oublier les conditions ultérieures de sa socialisation. Les questions sur la santé somatique viennent le plus souvent en premier et cela permet, en s'y appuyant, d'aborder l'ensemble des dimensions dans la durée. Cette prise en compte de la santé conjugue l'approche médicale au sens large et l'approche relationnelle du soin. La pédiatrie et la psychologie du développement nous incitent à être attentifs tout à la fois à la croissance et à la maturation physique de l'enfant, à son développement psychomoteur, psychologique, à son langage, à ses interactions et à ses relations avec autrui, à la construction de son identité et de son rapport à l'autre, aux aspects cognitifs et affectifs, aux processus d'individuation et de socialisation.

Comment l'expérience de PMI permet-elle d'appréhender la problématique des inégalités de santé dans l'enfance ?

La pratique en PMI, appuyée sur un large corpus de connaissances (en médecine, épidémiologie, sociologie, psychologie, anthropologie…) et sur une expérience de terrain éprouvée et diversifiée, conduit à identifier plusieurs types d'inégalités des enfants et des familles face à la santé.

1° Les inégalités sociales de santé à proprement parler, qui ont été notamment étudiées en France en 2011 dans un rapport de l'Igas[1]. Tout en soulignant la grande variété de leurs déterminants et leur imbrication (ceux de la surcharge pondérale dans l'enfance, par exemple), il rappelle clairement la corrélation entre plusieurs indicateurs et la catégorie socio-professionnelle des parents ou le cursus scolaire des mères : suivi de grossesse, taux de prématurité, poids de naissance, prévalence de la surcharge pondérale à 5 ans, nombre de caries dentaires, par exemple. Deux facteurs sociaux sont en particulier pointés par l'Igas quant à leur influence sur la santé des enfants : la qualité sanitaire du logement et la question de la pauvreté et de l'exclusion sociale.

2° Aux inégalités sociales se combine, pour certains publics vivant l'exil ou la migration, une dimension culturelle intégrant des critères éducatifs et des représentations de la santé qui influencent les comportements. Cela peut renforcer des situations d'inégalité, notamment dans les relations avec les services de santé, portant par exemple sur l'appropriation des « standards de prévention » des pays d'accueil.

3° La psychologie clinique du développement, enfin, nous aide à comprendre que les bébés et les enfants rencontrent une autre forme d'« inégalité »

1. Inspection générale des affaires sociales. A. Lopez, F. Schaetzel, M. Moleux et C. Scotton, rapport « Les inégalités sociales de santé de l'enfance », mai 2011.

pouvant affecter leur développement et leur santé, liée celle-ci à l'histoire familiale et transgénérationnelle singulière dans laquelle s'inscrit leur venue au monde. Des vécus traumatiques dans l'histoire parentale peuvent être réactivés lors d'événements repérés, comme la naissance d'un enfant, ou inattendus, tout au long du cheminement de chacun, ce qui s'accompagne de difficultés dans l'instauration ou la consolidation des liens mère-père-enfant. Il s'agirait là d'une forme de *vulnérabilité biographique potentiellement inégalitaire*.

Focus sur le concept de vulnérabilité

Ce concept, très utilisé dans le domaine de la santé familiale, laisse entendre que certaines populations de familles sont en soi vulnérables, notamment sur le plan psychique, souvent à partir de critères sociaux défavorables. La pratique démontre pourtant que nul ne peut être réduit à la vulnérabilité d'un moment, encore moins aux facteurs de risque qui l'affectent. Des études confirment d'ailleurs que les périodes ou situations de vulnérabilité – comme la grossesse et les premiers mois après la naissance – touchent des personnes de toutes catégories sociales[2], de même que la survenue

2. « Dans l'étude menée par l'U 502 de l'Inserm, une comparaison, pour ce qui est des CSP, des données des parquets avec celles de la population générale montre que le pourcentage de mères cadres, mises en cause dans le décès de leur enfant, ne diffère pas significativement de celui qu'on attendrait compte tenu de la répartition des CSP dans la population générale. » Anne

d'événements comme la dépression maternelle du post-partum, les violences conjugales ou l'alcoolisme. La pertinence relative du concept de vulnérabilité dans le champ de la prévention clinique ainsi que la prudence quant à ses possibles effets de stigmatisation incitent à utiliser plutôt les notions de *périodes* ou *situations de vulnérabilité* que celles de *personnes* ou *groupes vulnérables*. Naturellement, les familles vivant dans la grande pauvreté, souvent meurtries par leur histoire transgénérationnelle, souvent exclues de la société et culpabilisées par leur situation sociale, cumulent des facteurs de fragilité et de vulnérabilité qu'il serait inapproprié et déplacé de minimiser. Pour autant, leur identité ne saurait s'y résumer, sous peine de substituer une forme de prédiction féroce à la prévention précoce.

Prévention généraliste ou « ajustée » et inégalités de santé

De nombreux domaines de la santé et du développement de l'enfant justifient que les actions de prévention s'inscrivent dans une pratique s'adressant à tous, par exemple les difficultés d'ajustement relationnel entre mère et bébé, susceptibles de survenir dans toutes les familles. Ou encore la consommation des écrans dans les trois premières années de vie, qui se traduit par un risque accru

---

Tursz, « Vers le plan national Violence et Santé », rapport général, 2005, ministère de la Santé et des Solidarités, p. 28-29. Voir aussi A. Tursz et P. Gerbouin-Rérolle, *Enfants maltraités. Les chiffres et leur base juridique en France*, Paris, Lavoisier, 2008.

d'obésité ultérieure, de retard de langage, de réduction de la capacité d'attention, de manifestations de souffrance comme l'agitation ou la dépression. Tous les milieux sont touchés[3] et « on observe chez certains jeunes enfants (moins de 3 ans) un usage important et préoccupant des écrans (tablettes souvent), véritable mésusage en termes de temps passé devant l'écran (plusieurs heures par jour)[4] ».

D'un autre côté, l'épidémiologie, la santé publique et l'approche socio-anthropologique permettent de cerner des situations spécifiques où un groupe de population, une tranche d'âge sont exposés à un risque pour leur santé. Par exemple, l'exposition de populations d'enfants aux peintures au plomb dégradées dans les logements construits avant 1948 justifie, pour prévenir le saturnisme, de prendre à leur égard des mesures de prévention ciblées (travaux palliatifs ou soustraction au risque).

La prévention auprès du jeune enfant et de sa famille renvoie ainsi à deux axes d'intervention dont aucun ne doit être sacrifié au profit de l'autre : la prévention généraliste, adressée à tous, et la

3. 64 % des enfants de 3 à 6 ans regardent la télévision. Source : https://www.mon-enfant-et-les-ecrans.fr/wp-content/uploads/2020/02/Rapport-OPEN_UNAF_La-parentalité-et-le-numérique_LV.pdf

4. https://www.academie-medecine.fr/wp-content/uploads/2019/04/19.4.9-Rapport-Ecrans-et-adolescents.pdf

prévention *« ajustée*[5] *»* en fonction de l'exposition à certains risques ou difficultés.

L'expérience enseigne d'ailleurs que les familles le plus en difficulté accèdent d'autant mieux aux soins préventifs qu'elles rencontrent d'autres familles partageant les mêmes problématiques et le souci d'une parentalité « suffisamment bonne ». Rappelons ici également le point de vue de Pierre Laroque, fondateur de la Sécurité sociale, à propos de la protection sociale qui, pour être acceptée de tous et que tous y contribuent, c'est-à-dire pour s'inscrire dans le pacte social, doit pouvoir bénéficier à tous. La PMI relève de ce principe de solidarité.

La question de la lutte contre les inégalités de santé dans l'enfance illustre bien la nécessaire dialectique *universalité-spécificité* des réponses en matière de prévention telle que nous la concevons en PMI. L'Igas propose aussi une stratégie de lutte contre ces inégalités selon un principe « d'universalisme proportionné [qui] concilie un certain degré de ciblage des prestations avec le maintien de leur universalité[6] ». Cette notion d'universalisme proportionné mérite discussion. Si elle fait porter l'attention sur le cumul de difficultés que rencontrent les familles en situation de précarité

---

5. Un accompagnement « ajusté » à des difficultés exprimées, repérées par exemple en termes de parentalité, diffère de la vision d'un accompagnement « ciblé » sur des personnes qui seraient définies a priori comme « fragiles » du fait de critères de risque statistiques ou sociologiques.

6. A. Lopez, F. Schaetzel, M. Moleux et C. Scotton, *op. cit.*

économique et sociale, avec ses conséquences en matière de santé, et si elle induit des réponses faisant évoluer ce contexte (logement, emploi, protection sociale...), elle peut légitimement contribuer à réduire des inégalités de santé. Mais si elle devait conduire à un surciblage de ces familles par des interventions médicosociales à visée prescriptive en termes de comportements de santé, elle risquerait d'entraîner un sentiment de stigmatisation et d'infantilisation, et de les conduire au repli face aux services de santé préventifs, voire à toute intervention de soutien social. L'Igas l'a aussi bien souligné.

Plaidoyer en faveur d'une prévention plus attentive aux situations de précarité

Maryvonne Caillaux, déléguée aux questions familiales d'ATD Quart Monde, cite, dans un texte intitulé « Être parents contre vents et marée, parentalité et grande pauvreté[7] », des facteurs de grande pauvreté comme l'absence ou l'insalubrité du logement, des revenus trop restreints et irréguliers obligeant à compter sans cesse, le découragement face à une situation qui ne s'améliore pas et le souci de toujours courir, le sentiment d'humiliation, notamment des pères qui ne peuvent plus assurer des conditions de vie décentes à leur famille. Elle

7. M. Caillaux, « Être parents contre vents et marée, parentalité et grande pauvreté », dans C. Bauby et M.C. Colombo, *Être parents aujourd'hui, un jeu d'enfants ?*, Toulouse, érès, 2014.

précise également : « Dépendre pour tout des relations avec les travailleurs sociaux… qui sont là pour vous aider et vous soutenir, c'est sûr, mais qui ont rarement la réponse à vos difficultés et qui en même temps représentent une menace : ne vont-ils pas vous imposer des solutions qui pourraient conduire à une intrusion dans l'intimité de la famille déjà difficile, ou pire encore à la séparation d'avec les enfants ? »

Les services de PMI, certes, connaissent souvent ces difficultés, mais il est probable qu'ils offrent des réponses hétérogènes sur tout le territoire, sur un gradient allant d'une prise en compte insuffisante à la pleine reconnaissance de ces situations, du jugement à la compréhension, du contrôle à l'accompagnement des familles. Ces difficultés, liées à la grande pauvreté ou à des normes socioculturelles éloignées de celles qui imprègnent la *middle-class* dont sont issus nombre de soignants, placent ces derniers face à plusieurs défis. Ils nous concernent tout particulièrement, tant ils sont susceptibles, si on les relève, de se répercuter favorablement sur l'organisation des soins et des accompagnements. Ils nécessitent une formation adaptée des professionnels et la supervision régulière des pratiques.

Quels sont ces défis ?

1. *Aller vers les familles et créer de la confiance* : prendre le temps de rejoindre les familles là où elles sont et dans leurs aspirations, de recréer de la confiance, tâche difficile pour des professionnels qui doivent et soutenir les familles et signaler d'éventuels dangers ou négligences

(violences, addictions…). Assurer simultanément l'accompagnement et le contrôle demande « beaucoup de tact et de connaissance de ce milieu pour comprendre les logiques que développent les pauvres devant les mille obstacles auxquels ils sont confrontés[8] ». « Aller vers », cela signifie concrètement, pour la PMI : multiplier les dispositifs comme les interventions dans les milieux de vie, les visites à domicile, en mesurant bien les risques d'ingérence, déplacer des consultations « au plus près » (camions itinérants), participer aux réunions à thème au sein des associations que fréquentent les familles… Instaurer la relation dès le suivi de la grossesse, en PMI et/ou en maternité, en coordination entre la puéricultrice et la sage-femme, favorise l'intervention de la puéricultrice au domicile par la suite et contribue à l'émergence d'une confiance réciproque et durable.

2. *Encourager les parents et faire alliance* : face à la souffrance, aux sentiments de honte ou de culpabilité des parents liés aux difficultés de développement des enfants, « il est souhaitable de ne pas nous focaliser uniquement sur leur manques et leurs dysfonctionnements mais de voir et nommer leurs forces et leurs compétences […] comprendre la souffrance que produit la misère, donner du sens à ce qui en semble dépourvu, est-ce que cela ne devrait pas faire partie de la formation des professionnels[9] » ? Maryvonne Caillaux cite une expé-

8. M. Caillaux, *op. cit.*
9. *Ibid.*

rience de « coformations par le croisement des savoirs », où « il est proposé à des professionnels et des personnes vivant des situations de pauvreté de travailler ensemble à démonter les représentations réciproques, travailler sur les mots employés qui font souvent obstacle, sur les logiques des uns et des autres[10] ». Il s'agit donc de considérer les familles comme des partenaires et de construire avec elles les réponses le plus adaptées possible. Citons également Maurice Titran, pédiatre au CAMSP[11] de Roubaix, et son approche du « compagnonnage » : « La construction de l'enfant sera la tâche à accomplir, parents et professionnels mettront ensemble leur talent. Comme la pierre l'enfant sera sculpté et taillé à mesure qu'il nous y autorise et qu'il le peut. D'un enfant à l'autre, d'une œuvre à l'autre, professionnels et familles vont cheminer. L'occasion est mise à profit pour enrichir les savoirs réciproques. Les familles marchent devant, nous parcourons un chemin en étant guidées par elles… L'enseignement ne se fait ni par l'écrit, ni dans le face-à-face mais dans un allant devenant[12]. »

3. *Encourager les parents qui vivent dans la grande précarité à rejoindre des lieux collectifs* : maisons des parents, universités populaires parentales… Dans ce cadre, ils peuvent réfléchir entre

10. *Ibid.*

11. Centre d'action médico-sociale précoce.

12. « Réinventer l'action médico-sociale précoce. Hommage à Maurice Titran, pédiatre engagé », *Spirale*, n° 55, 2011.

pairs à partir de leur propre expérience et de celle des autres, retrouver du pouvoir d'agir et de penser. « Si les parents ont l'occasion de dire ce qu'ils réussissent avec leurs enfants, ils oseront peu à peu sortir de leur réserve, viendra le temps de dire leurs questions, leurs difficultés [...] les personnes se rendent ainsi compte qu'elles sont capables de penser et que leur pensée peut participer à la transformation du monde[13]. » Également, « ne pas oublier les actions culturelles et les vacances, véritables havres de paix dans la vie chaotique des familles qui laissent des traces de lumière et de joie[14] ». La prévention, c'est aussi cela : « À l'origine de ces stratégies de rencontres, on retrouve les notions d'accueil, la "rencontre avec l'Autre" de Levinas, ou l'"attitude authentiquement affective" de Tomkiewicz[15]. »

Toute cette réflexion sur la prévention ajustée aux situations de précarité ne prend sens qu'à condition de travailler aussi à réduire cette précarité, en coopération entre intervenants de santé et intervenants sociaux, éducatifs et associatifs, mais aussi bien sûr d'interpeller la responsabilités des décideurs politiques et administratifs. Jean-Pierre Deschamps, pédiatre et professeur de santé

---

13. M. Caillaux, *op. cit.*

14. *Ibid.*

15. A.-C. Dumaret, M. Titran et B. Dumont, « De l'exclusion à la prise d'autonomie : impact à long terme d'une prise en charge informelle de familles à haut risque », dans H. Desmet, J.-P. Pourtois (sous la direction de), *Culture et Bientraitance*, Bruxelles, De Boeck, 2005, p. 173-189.

publique, nous rappelle s'il le fallait que « les conditions fondamentales et ressources préalables sont, en matière de santé : la paix, un abri, l'éducation, la nourriture, un revenu, un écosystème stable, des ressources durables, la justice sociale et l'équité[16] ».

Pour conclure

Confrontés aux souffrances que génèrent les situations de précarité, nous, professionnels de santé, sommes tenus de renouveler nos pratiques en inventant une *alter-prévention* fondée sur l'*altérité* qui mêle le *secours* (c'est-à-dire « éviter des dommages occasionnés à la dimension humaine dans la personne ») et le *soutien*[17] (c'est-à-dire « prendre soin de sa dignité et soutenir sa capacité à renouer sa confiance en la société[18] »). Les conditions et les qualités d'une telle prévention, *prévenante,* s'appuient sur la référence humaniste et intègrent des enjeux comme : le respect du temps de l'enfant et des parents ; le soutien de leur capacité à reprendre confiance en l'autre et en soi ; le

---

16. J.-P. Deschamps, « *Éthique et promotion de la santé. Lettre à La Santé de l'homme* pour son 70e anniversaire », *La Santé de l'homme,* n° 420, septembre 2012, p. 55.
17. F. Worms, « Soigner et prendre soin. Quelle place dans notre système de santé ? », dans P. Suesser (sous la direction de), *Quelle PMI demain ?,* Toulouse, érès, 2012, p. 137-150.
18. S. Giampino, « Psychanalyse et prévention : le partage d'une illusion », dans *Françoise Dolto, aujourd'hui présente,* actes du colloque de l'Unesco, 14-17 janvier 1999, Paris, Gallimard, 2000, p. 35-47.

crédit accordé à l'enfant pour trouver son chemin face aux obstacles et aux blocages ; un regard professionnel soucieux, non du seul « trouble », mais aussi de ce qui est investi et mobilisable par l'enfant et son entourage ; une approche personnalisée de l'aide, ouverte aux effets de rencontre et de surprise ; un travail sur le sens, au-delà du constat des difficultés de l'enfant ; une conception non linéaire de son développement, appréhendé comme un « dis-continuum » de mouvements délicats et complexes de créativité développementale. Cela en contextualisant les difficultés de l'enfant et de ses parents, en respectant au mieux les histoires et les choix de vie des familles.

Deux belles citations pour épilogue :

La première, de Thérèse Potekov, assistante sociale qui a longtemps travaillé avec Maurice Titran : « Tu n'as pas de maison, viens habiter la mienne, viens habiter ma préoccupation[19]. »

De Jacqueline de Chambrun, pédiatre qui a créé le service de PMI de Seine-Saint-Denis : « Nous, les professionnels, devons faire un effort très particulier pour avoir un langage commun et donc partager notre pouvoir[20]. »

---

19. Actes du colloque SNMPMI 1994, *Le nourrisson et ses parents* (non diffusé, consultable au siège 65-67, rue d'Amsterdam 75008 Paris).
20. « Francs-tireurs de la médecine », *Autrement*, n° 9, mai 1977.

Olivier Phan

Utilisations problématiques des jeux vidéo à l'adolescence

Quelle est la situation actuelle du jeu vidéo en France ?

En France, les jeux vidéo existent depuis les années 1970, avec la mise sur le marché par la firme Atari du célèbre Tennis for Two, commercialisé dans l'Hexagone sous le nom de Pong. À cette époque, cette simulation de tennis permettait, grâce à l'activation d'un potentiomètre, de faire bouger une barre sur un écran pour attraper une balle figurée par un carré blanc. La partie avait un début et une fin et durait une dizaine de minutes tout au plus. Depuis, grâce aux avancées technologiques, les jeux se sont complexifiés et considérablement enrichis, au grand plaisir du joueur. Aujourd'hui, les jeux multijoueurs en ligne, ou MMORPG *(massively multiple on line role player games)*, offrent aux

---

Entretien réalisé par Jean Chambry.

adolescents la possibilité de jouer sans fin et sans limite. Le dernier succès, Fortnite, permet de se mesurer aux autres à travers cette *battle royal*. Le jeu se déroule sur une île et consiste à éliminer tous ses adversaires pour rester le dernier survivant. Les décors, les possibilités de construction, la décharge d'adrénaline déclenchée par des parties haletantes attirent plus de 250 millions de joueurs à travers le monde, au grand dam des parents, qui éprouvent les plus grandes difficultés à encadrer cette activité. Ils restent impuissants face à une technologie permettant de proposer des sensations de plus en plus fortes. À côté, la vie réelle devient de plus en plus fade. Et les parents demandent de l'aide pour décrocher leur enfant des écrans. Nos deux sites de la Consultation jeunes consommateurs de Paris et de la Fondation santé des étudiants de France, clinique Dupré, à Sceaux, prennent en charge 400 adolescents atteints de conduite addictive par an, dont 40 % pour un trouble lié aux jeux vidéo. Ce motif de consultation ne cesse d'augmenter depuis plusieurs années.

Pourquoi l'adolescent est-il si vulnérable ?

L'adolescence est une période de labilité émotionnelle et de recherche de prise de risques. Les capacités d'autorégulation des émotions du jeune, du fait de son immaturité cérébrale, ne sont pas encore totalement acquises. L'expression émotionnelle des adolescents est physiologiquement décuplée et sans filtre, car la partie du cerveau chargée des inhibitions (celle qui dit « stop ») n'est pas encore complètement développée chez eux. Dans le même temps, ils recherchent naturellement des sensations fortes à travers, par exemple, des attractions « tourneboulantes », des sports de l'extrême… Les jeux vidéo, grâce aux interactions entre l'écran et le joueur, stimulent émotionnellement l'adolescent sans qu'il ait à bouger de sa chambre. Cette activité lui suffit en elle-même et il n'éprouve plus le besoin de rechercher des interactions avec le monde réel. Malheureusement, si les jeux favorisent certaines fonctions cognitives, comme la capacité de représentation en trois dimensions, un excès de jeux vidéo entraînera un désinvestissement scolaire et un abandon de toutes les autres activités, extrascolaires, familiales ou amicales. Or l'adolescence est une période clef en termes d'apprentissage scolaire, et importante au plan familial car les liens entre l'adolescent et ses parents sont cruciaux pour son bon développement. Au moment de quitter le foyer familial, ils devront être de bonne qualité. Se cacher derrière les écrans retarde ainsi le processus d'autonomisation, pourtant essentiel.

Y a-t-il une reconnaissance des troubles liés aux jeux vidéo ?

Dans sa classification des maladies de 2018, l'Organisation mondiale de la santé reconnaît le trouble lié à l'usage excessif des jeux vidéo, dénommé *gaming* en anglais, comme entité pathologique à part entière. De vifs débats ont eu lieu sur la notion de jeu problématique. Il faut distinguer la reconnaissance officielle du problème, qui fait aujourd'hui consensus entre les spécialistes, et le débat pour savoir comment on le nomme. Le fait que le trouble du jeu vidéo ait désormais sa place au sein de la classification de l'OMS va permettre d'effectuer des recherches. Il est important qu'il soit reconnu comme un trouble à part entière et pas simplement comme la manifestation d'une problématique psychiatrique. Nous suivons des adolescents dont le trouble principal est lié à l'usage excessif des jeux vidéo, sans forcément de pathologie psychiatrique associée.

Quelles sont les conséquences de l'usage problématique des jeux vidéo ?

De nombreuses études l'ont objectivé : ce ne sont pas les écrans en soi qui sont problématiques, mais ce qu'on fait avec. C'est la raison pour laquelle l'OMS a intégré l'addiction aux jeux vidéo dans sa nouvelle liste des troubles mentaux liés aux comportements addictifs, aux côtés des jeux d'argent. Il faut bien différencier en effet les activités liées à Internet (par exemple les jeux vidéo) et les écrans, qui ne sont que leur vecteur. La particularité du trouble du jeu vidéo, c'est que l'on a affaire à une technologie qui permet de capter très fortement l'attention des adolescents grâce aux possibilités d'interaction entre l'individu et l'écran. Nous accompagnons des adolescents atteints d'un déficit de l'attention qui, à travers les jeux, arrivent pour la première fois à se concentrer sur une activité, ce qui leur était très difficile auparavant. Or, un jeune souffrant de troubles de l'attention qui découvre les jeux vidéo, c'est un peu comme un individu sans grandes capacités physiques qui expérimenterait un exosquelette capable de décupler ses forces. Il développerait d'un coup des capacités prodigieuses, mais il y aurait un revers à la médaille : sans activité physique, ses muscles s'atrophieraient et il aurait ensuite d'énormes difficultés à marcher. Ainsi, les jeunes atteints de TDAH découvrant leurs nouvelles capacités dans le jeu délaissent tout autre type d'activité. Pour corroborer cette hypothèse, des études insistent sur le lien entre TDAH et excès de jeux vidéo.

Les risques associés à l'utilisation excessive des jeux vidéo sont principalement :

– *La perte de la notion du temps*

L'usage excessif des jeux vidéo (4 à 6 heures de jeu vidéo par jour) a un impact majeur sur l'emploi du temps de l'adolescent. Une journée d'adolescent équilibrée se répartit entre les activités scolaires, les moments avec la famille et les loisirs, dont le jeu fait partie. Lorsqu'une activité devient trop importante, cela se fait au détriment des autres, une journée ne comptant que 24 heures. Pour toute addiction, le problème n'est pas la dépendance en soi mais ses conséquences. Prenons l'exemple du tabac. Quand on fume, on absorbe de la nicotine, responsable de l'addiction, mais aussi des produits issus de la combustion, hautement cancérigènes. Le fumeur est ainsi condamné à une double peine : l'addiction et le risque de cancer. De par leur pouvoir d'attraction dû à la possibilité d'interaction entre l'homme et la machine, les jeux sont « chronophages ». On peut s'endormir en lisant un livre ou en regardant la télévision, pas en jouant à un jeu vidéo, ce qui nécessite une attention constante et intense. Le joueur en perd la notion du temps. Des sommes considérables sont investies dans la réalisation des jeux vidéo. La rentabilité de l'investissement consenti dépend de l'attirance des jeunes pour ces jeux. Au cours des dernières années, leur temps de jeu est devenu un enjeu économique. L'entourage adulte – professeurs, éducateurs, parents – a la lourde tâche de contrebalancer cette pression commerciale.

– Le refuge dans le virtuel

Les conflits familiaux sont parfois à l'origine de l'usage problématique des jeux vidéo, mais ils peuvent aussi en être la conséquence. Quand l'adolescent éprouve de l'insatisfaction et de la souffrance dans le monde réel, il se réfugie dans le monde virtuel. Être devant sa console ou son ordinateur avec son casque sur les oreilles lui permet de s'extraire de ces conflits tout en restant à domicile. Cela lui évite, par exemple, de prendre parti pour l'un ou l'autre de ses parents si ces derniers se disputent. Cependant, cette attitude a des conséquences sur les devoirs, les résultats scolaires et l'ambiance familiale. Sans régler la problématique familiale, l'enfermement du jeune dans les jeux va créer de nouvelles difficultés, autour du jeu, avec des conséquences sur ses relations avec ses parents. On entre dans un cercle vicieux. Le jeune fuit les conflits, ses résultats scolaires s'effondrent et il finit par être renvoyé de l'école. Il se retrouve alors piégé au domicile parental dans une atmosphère pénible et s'isole encore plus dans le monde virtuel, au grand dam des parents. Le jeu devient la problématique principale, escamotant le dysfonctionnement familial à l'origine du trouble.

– *L'aggravation des troubles de l'attention*

Les préadolescents qui souffrent de troubles de l'attention délaissent les activités exigeant une concentration importante – comme la lecture – au profit de celles qui en exigent peu, le jeu vidéo, par exemple, qui ne nécessite pas de grandes capacités d'attention, puisque c'est lui qui capte le joueur. Certes, il développe certaines capacités, notamment les fonctions visio-spatiales, de nombreuses études en attestent, mais elles ne sont que partiellement utiles à l'école. En lisant régulièrement, au contraire, l'enfant développe ses capacités d'attention, d'imagination et de déchiffrage, qui lui seront utiles pour l'acquisition des fondamentaux (tables de multiplication, orthographe, grammaire) et dans toutes les matières scolaires. La question n'est pas tant l'acquisition de compétences que leur utilité pour l'adolescent.

– *L'agressivité*

Les liens entre jeux vidéo et violence ont été longuement étudiés. Contrairement aux idées reçues, ce n'est pas la nature violente du jeu et les images montrant guerres, bagarres et sang qui engendrent directement de la violence chez l'adolescent dans la vie réelle. Chez les jeunes, la « violence spectacle » est en règle générale bien mieux digérée qu'on ne le croit. L'immense majorité des joueurs fait la différence entre le virtuel et le réel. De nombreuses recherches se sont focalisées sur ce point sans montrer d'association significative entre jeux violents et conduites délictueuses. Certaines ont même mis en avant que les jeux violents pouvaient avoir des vertus cathartiques. Les jeunes délinquants jouent aux jeux vidéo, comme tous les adolescents de leur âge, mais il existe chez eux bien d'autres déterminants majeurs, comme l'éducation ou le milieu familial, pouvant expliquer leurs conduites. En revanche, des études ont objectivé une augmentation de l'agressivité chez les enfants et les jeunes dans l'heure qui suit l'arrêt du jeu. Ce n'est pas la brutalité qui y est mise en scène qui rend agressif mais la frustration d'avoir perdu. Durant les parties en multijoueurs, le perdant se fait souvent insulter et traiter de *noob* (« néophyte », dans le langage Internet). Certains éditeurs de jeux vidéo jouent sur cette frustration car ils savent qu'elle encourage le joueur à commencer une nouvelle partie. Nous accompagnons des enfants qui étaient tellement énervés quand ils perdaient qu'ils cassaient tout dans leur appartement. Les parents, impuissants, étaient obligés d'appeler la police. Cette frustration explique que certains adolescents ont de grandes difficultés à s'arrêter de jouer lorsque leurs parents les appellent à l'heure du repas : ils sont obligés d'interrompre leur partie, qu'ils perdent de ce fait. Ces joueurs excessifs présentent également des troubles du sommeil. Une heure de calme est en général nécessaire, après la fin d'un jeu vidéo, pour être suffisamment apaisé et s'endormir.

– *L'isolement*

Le jeu est un facteur de lien social dans la plupart des cas mais, pratiqué de façon excessive, il peut être aussi un facteur d'isolement. Les joueurs communiquent entre eux, dans le jeu ou à travers des sites comme Discord. De nombreux jeux multijoueurs exigent de jouer en groupe, au sein d'une *team* ou d'une « guilde ». Certains joueurs organisent ce que l'on appelle des rencontres IRL (*in real life* ou « dans la vraie vie »), le jeu permettant alors de partager d'autres activités. Exemple : on joue en ligne avec des amis, et on se dit « tiens, si on jouait au foot après ? ». Lorsque le joueur refuse ces rencontres pour se concentrer sur son seul jeu, il peut croire à un lien social alors que celui-ci n'est que virtuel. De plus, un partenaire de jeu n'est pas forcément un ami dans la vraie vie. Si l'adolescent a la sensation d'appartenir à une communauté et qu'il commence à préférer cette communauté virtuelle à ses copains réels, c'est que l'usage devient problématique. Les joueurs que je vois en consultation et qui finissent par avoir du recul par rapport aux jeux vidéo disent, à un moment donné : « Les copains de jeu ne sont pas de vrais copains, car ils n'échangent que sur le jeu. »

– *L'aggravation des fragilités psychopathologiques*

Il ne faut pas diaboliser les jeux vidéo. La plupart des joueurs n'en font pas un usage problématique. Cependant, les adolescents les plus fragiles, notamment avec des comorbidités psychiatriques, trouvent dans l'univers virtuel un moyen d'échapper aux difficultés de la vie réelle et s'y accrochent. Par exemple, un enfant insatisfait de sa scolarité parce qu'il a l'impression de ne pas avoir le niveau requis peut compenser cette frustration en acquérant un certain nombre de compétences utiles et gratifiées dans le jeu vidéo. Plus il trouvera de gratifications dans le jeu, plus il désinvestira l'école. Et plus il délaissera l'école, moins ses résultats seront bons, ce qui renforcera son insatisfaction. Un cercle vicieux s'installe alors. Comme dans toutes les addictions, il existe généralement chez le joueur problématique une fragilité préexistante. L'adolescent fragile utilise le jeu pour compenser cette fragilité, et malheureusement, dans certains cas, la transforme en véritable pathologie ou accroît son trouble. Quand un jeune a, par exemple, une phobie sociale, il peut désinvestir les rencontres réelles au profit des rencontres virtuelles, qui lui font moins peur. Malheureusement, l'évitement de la phobie aggrave la phobie : plus on évite la foule, plus on en a peur. En revanche, si on continue à s'exposer et à sortir, la peur finit par s'estomper. Les mêmes principes s'appliquent aux jeux vidéo. Un adolescent qui présente des signes de phobie scolaire et qui évite l'école à travers le jeu aggrave sa phobie scolaire. Quand on a affaire à une pathologie liée aux jeux vidéo, il faut faire un bilan complet, parce qu'on a de fortes chances de tomber sur de la comorbidité. Tout le panel des pathologies pédopsychiatriques peut être associé au trouble du jeu vidéo : dépression, anxiété, trouble du développement, déficit de l'attention, syndrome de stress post-traumatique, troubles liés à l'environnement familial de l'adolescent (dysfonctionnements au niveau des relations et des pratiques parentales). La plupart du temps, le jeu est une porte d'entrée. L'adolescent est déprimé, mais ses parents ne s'en rendent pas forcément compte. C'est au moment d'un investissement excessif dans le jeu vidéo qu'on le découvre.

Existe-t-il une typologie des joueurs problématiques de jeux vidéo ?

Selon notre expérience clinique, il y a un continuum entre le joueur « normal », c'est-à-dire celui pour lequel le jeu reste une activité ludique sans retentissement sur la vie et le parcours, et celui qui ne sort plus de sa chambre. On a pu ainsi observer quatre types de joueurs :

1. *le joueur « normal » (la majorité des joueurs)*. Il a acquis des capacités d'autorégulation. Son emploi du temps est équilibré, il continue à investir sa scolarité et a une vie familiale satisfaisante. Le jeu reste un moyen de passer du bon temps, de rencontrer d'autres joueurs qu'il n'hésite pas à voir IRL.

Il ne présente aucun signe de souffrance psychique, il a un réseau d'amis ;

2. *le joueur hypothéquant son avenir.* Il joue beaucoup, ses résultats scolaires sont en baisse. Sa scolarité n'est pas menacée dans l'immédiat, mais il ne fera pas des études à la hauteur de son niveau intellectuel. Les conséquences de son hyperinvestissement dans le jeu ne sont pas dans l'ici et maintenant mais surviendront plus tard ;

3. *le joueur problématique.* Il commence à sécher les cours, et cet absentéisme menace son intégration et son niveau scolaire. Le jeu vidéo est un objet de conflit à l'intérieur de la cellule familiale, avec des conséquences émotionnelles importantes, de grandes insatisfactions, des frustrations, des troubles anxieux chez tous les membres de la famille, et a fortiori chez l'adolescent. Les conséquences se manifestent ici et maintenant. Ce joueur répond aux critères de l'OMS du joueur problématique ;

4. *Le joueur en situation de réclusion.* Le jeune se retire du monde réel pour se plonger totalement dans le monde virtuel. Il ne bouge quasiment plus de sa chambre et avance l'alibi de vouloir devenir un *pro-gamer* (un « joueur de jeux vidéo professionnel ») pour délaisser toutes les autres activités. Les Japonais désignent ces joueurs par le nom de *hikikomori*.

Quelle prise en charge peut-on envisager ?

Avant tout, ces nouvelles technologies imposent une modification des pratiques parentales. Les éditeurs de jeux vidéo comme les gérants des réseaux sociaux ont un accès direct aux adolescents et il est presque impossible de contrôler les contenus qu'ils diffusent. Les parents doivent malgré tout jouer un rôle d'interface critique entre leur enfant et le monde de l'industrie numérique, dont le principal objectif est le profit. On ne peut ignorer aujourd'hui, en tant que parent, que son enfant a aussi une existence dans le monde virtuel. Les parents doivent donc se renseigner sur les pratiques numériques des jeunes et les risques encourus.

Les quatre niveaux de jeu précédemment décrits nécessitent quatre niveaux de prise en charge.

Niveau 1 – joueur normal : ce niveau ne requiert pas de prise en charge à proprement parler. Celle-ci sera plus préventive que curative, avec des conseils de guidance parentale. Nous conseillons aux parents d'avoir un œil sur le jeu et de trouver des temps d'échange sur ce sujet, de ne pas être intrusifs mais d'être au fait du monde virtuel dans lequel évolue l'adolescent. Il faut aussi mettre en place un contrôle parental pour lui permettre d'acquérir des capacités d'autorégulation. Par exemple fixer des durées de jeu en fonction de sa personnalité et de son âge. S'il ne les respecte pas, le parent intervient. L'idée est de le responsabiliser. Au sein de nos unités, à la clinique Dupré et au Csapa Pierre-Nicole, nous avons développé le programme de prévention Arcade (Action pour la réduction des consommations abusive des écrans), destiné aux interventions dans les collèges et les lycées sur la question des écrans, et en particulier des jeux vidéo. Ce programme vise à sensibiliser les jeunes aux effets positifs et négatifs des jeux vidéo. L'idée n'est pas d'en proscrire l'utilisation mais de leur faire prendre conscience de la nécessité de maîtriser leur consommation d'écrans. Ces derniers servent aussi à faire ses devoirs et à rester en contact avec ses copains. Il est de la responsabilité des adolescents, avec l'aide de leurs parents et de leur entourage, d'en faire bon usage.

Niveau 2 – joueur hypothéquant son avenir : intervention nécessaire des parents, si besoin avec le soutien d'éducateurs ou d'autres intervenants jeunesse comme le professeur principal, le conseiller principal d'éducation ou l'infirmière scolaire, qui peut constater un fléchissement dans l'investissement dans les études ou de multiples retards. La tâche des adultes est importante et difficile. Ils doivent en particulier élaborer des stratégies pour limiter les activités à bénéfice immédiat (jeu vidéo) et promouvoir des activités plus enrichissantes également sur le long terme (sport, musique, scolarité). Les parents sont les ambassadeurs de l'intérêt à long terme de l'adolescent.

Niveau 3 – joueur problématique : à ce stade, il existe très vraisemblablement des signes de souffrance chez l'adolescent, et donc une probabilité de comorbidité, probablement de dépression. Mais plusieurs pathologies peuvent se développer parallèlement : dépression, phobie sociale avec conduites d'évitement. S'il ne réussit pas à faire face au problème, le parent peut faire appel à un psychologue ou à un médecin, qui orientera l'adolescent vers une Consultation jeunes consommateurs ou un centre médico-psychologique pour enfants et adolescents. Dans nos centres de consultation, nous préconisons majoritairement les prises en charge familiales. La dépendance aux jeux s'installe au vu et au su des parents, dont les capacités de régulation sont débordées. Et parfois dans un contexte familial difficile, le jeu permettant à l'adolescent d'être dans la famille tout en y échappant de manière virtuelle.

Niveau 4 – joueur en situation de réclusion : à ce niveau, un suivi en consultation est nécessaire, mais l'adolescent est souvent réticent aux soins. L'entretien avec les parents seuls est alors un préalable obligatoire. Aider les parents à aider leur enfant est le seul levier susceptible de faire venir ce dernier en consultation. Parfois, des consultations à domicile, qui nécessitent beaucoup de temps, sont la seule façon d'entrer en contact avec lui. Encore faut-il qu'elles soient possibles. L'hospitalisation est parfois le seul moyen de couper l'adolescent de ses écrans. Notre unité soins-études en addictologie, à la clinique Dupré, propose des hospitalisations avec une prise en charge concomitante des études et des soins. Le fait de mener les deux dans une même structure offre de nombreux avantages. La symptomatologie des joueurs excessifs est souvent pauvre et il est rare qu'ils expriment de la souffrance. C'est plutôt dans le cadre de l'exposition au milieu scolaire qu'elle se révèle et peut être travaillée. L'objectif de l'hospitalisation est de remplacer l'addiction au jeu par une activité prosociale constructive : projet scolaire, médiation thérapeutique. Dans le service, l'emploi du temps du jeune se répartit entre la scolarité, les médiations thérapeutiques (sport, théâtre, jeux de plateau en réel…) et les entretiens thérapeutiques individuels et familiaux. Après un an de fonctionnement – le service a ouvert en décembre 2019 –, les résultats sont encourageants.

Geneviève Delaisi de Parseval

L'art de s'accommoder des bébés au début du XXIe siècle

Faire un lien entre la façon dont les couples des années 1960-1980 – en général composés d'un homme et d'une femme mariés ou concubins – s'accommodaient de leurs bébés et comparer ces représentations aux données de l'époque actuelle relève du défi : les bouleversements des décennies écoulées (1960-2020) représentent l'équivalent d'un siècle ou plus… Il s'agit d'un véritable changement de paradigme.

Quelles sont les représentations du bébé aujourd'hui ? Un bref retour sur la longue durée n'est pas dénué d'intérêt. Les célèbres travaux de Philippe Ariès montrent que l'enfance est une « invention récente » : jusqu'au XIIIe siècle, l'enfant était considéré comme un adulte en réduction. Cette représentation a perduré jusqu'à la Révolution : les enfants étaient considérés comme inintéressants tant qu'ils ne se manifestaient pas comme des êtres de raison. Ainsi, avant le siècle des Lumières, le nourrisson jugé encombrant pouvait facilement être abandonné ou placé, voire tué (paradoxalement, l'infanticide était alors mieux toléré que l'avortement).

L'évolution du droit a progressé, lentement, au cours des siècles, vers une reconnaissance progressive de l'enfant. Depuis la fin du XVIIIe siècle, les parents ne sont plus considérés comme propriétaires de leurs enfants, mais comme responsables d'eux. La pensée de Jean-Jacques Rousseau est passée par là : l'enfant est considéré comme un être pur, bon parce qu'il se rapproche de la nature et des origines ; il est proche du « bon sauvage »… Dans le même temps, dès la naissance, il apparaît non seulement comme un être à protéger, mais comme une personne, un sujet à part entière. En 1948, la Déclaration universelle des droits de l'homme estime nécessaire la rédaction d'une déclaration des droits de l'enfant. Quarante ans plus tard, en novembre 1989, la Convention internationale des droits de l'enfant (Cide) est proclamée par l'ONU.

La psychanalyse, parallèlement, a changé radicalement les représentations du bébé. Freud, avant tout « darwiniste », considère le nouveau-né humain comme un maillon de la chaîne animale. Dans un texte de 1932, il s'exprime clairement sur les conséquences de la néoténie, « longue période durant laquelle le petit de l'espèce humaine se trouve dans une condition d'impuissance et de dépendance ». En raison du facteur biologique qui l'a nanti d'une existence intra-utérine plus courte que celle de la plupart des animaux, il est, selon

Freud, jeté en ce monde dans un état non achevé. Dans son style propre, Winnicott formule l'approche freudienne en ces termes : « Le petit être humain est le seul organisme vivant qui émerge hors de la matrice dans son nouvel environnement de façon à la fois traumatique et prématurée. D'où la nécessité, pour la mère et/ou pour ses substituts de dispenser des soins extensifs et étendus. »

Mais, très progressivement, la psychanalyse fait découvrir et respecter une nouvelle éthique : celle de « l'enfant sujet », représentation fondamentalement différente de celle qui prévalait jusque-là. À partir des années 1960, on commence à repérer dans les manuels de puériculture le thème de l'enfant roi, du « merveilleux bébé ». Représentation qui se cristallise ultérieurement dans le slogan « Le bébé est une personne », véritable « prêt-à-penser » du statut du bébé à partir des années 1970.

Au cours des décennies 1980-2000, les capacités jusque-là insoupçonnées de l'*infans* sont reconnues de manière plus scientifique par une discipline nouvelle : la psychiatrie du nourrisson. Un cap est dès lors franchi : loin du « tube digestif » du siècle précédent, le bébé est désormais considéré comme un sujet « compétent » dont les spécialistes (pédiatres, tel Thomas Berry Brazelton, et psychanalystes, tels Daniel Stern et Michel Soulé) vantent le savoir-faire dès la naissance et même dès la vie intra-utérine.

En ce début du XXIe siècle, on assiste à un glissement « vers l'amont » de la représentation de l'enfance, comme si l'on se dirigeait vers un statut de

« fœtus-déjà-personne » (voire d'« embryon-déjà-personne »). Le discours de l'éthique médicale, en particulier, se plaît à percevoir un petit sujet dès le stade fœtal[1]. Selon l'expression du Comité consultatif national d'éthique français (1988) statuant sur le statut de l'embryon in vitro, ce dernier serait une « personne humaine potentielle ».

Mais si, à l'évidence, notre société confère à l'enfant une valeur extrême, presque sacrée, son statut reste cependant fragile et ambivalent. La société contemporaine n'est peut-être pas si *child oriented* que cela. Ainsi, après les avancées considérables apportées par la psychanalyse, on peut remarquer, ici ou là, quelques situations susceptibles de présenter un risque d'instrumentalisation du bébé et de l'enfant. Il est prématuré d'y voir une régression, mais la question mérite d'être posée.

Ces données m'ont en effet amenée à m'interroger, en psychanalyste, sur le statut psychique de ces centaines de milliers (400 000 en France entre 1981 et 2019 selon l'Ined, des millions dans le monde) de bébés conçus par PMA, enfant rares, hyperdésirés, et en principe particulièrement investis par leurs parents.

Je voudrais proposer quelques réflexions à ce sujet. Le bébé d'aujourd'hui n'étant plus tout à fait celui de l'époque de Freud, il est logique de

1. On reconnaît qu'il peut souffrir (*cf.* les travaux sur l'euthanasie fœtale lors des interruptions médicales de grossesse, qui mettent en place une anesthésie pendant le geste du fœticide).

se demander si le modèle freudien est toujours valable.

Un rappel épistémologique n'est pas inintéressant. Selon Freud, le développement des sciences a infligé trois blessures narcissiques à l'humanité :
– la première serait due à Copernic, qui a montré que c'est la terre qui tourne autour du soleil (et pas l'inverse), et qu'elle n'est pas, comme on le croyait, au centre de l'univers ;
– la seconde est due à Charles Darwin, qui a montré que l'homme et le singe ont des ancêtres communs ;
– la troisième est due à Freud, qui a montré, avec la notion d'inconscient, que le moi n'est pas maître chez lui.

Dans le droit fil de cette chronologie, il me semble que la tentative de maîtrise par l'homme de la fécondation représente, avec son lot d'échecs, une quatrième blessure narcissique.

Selon moi, les techniques de PMA (à partir des années 1970-1980) permettent en effet à l'humanité de faire un saut épistémologique aussi important que les précédents. En organisant la rencontre des cellules germinales mâles et mâles-femelles in vitro, hors du corps de la femme, la science crée un embryon « libre », susceptible par conséquent d'être transféré dans l'utérus d'une femme qui n'est pas forcément celle qui a fourni ses gamètes ni celle qui élèvera l'enfant. Un embryon susceptible en outre d'être congelé, donc de défier le temps, voire la succession des générations. Ce qui constitue une révolution de taille dans l'histoire des idées mais aussi dans la représentation du bébé humain.

Les configurations familiales engendrées par l'assistance médicale à la procréation montrent que ni la mère ni le père ne sont aujourd'hui nantis d'une identité stable : d'autres personnages que les parents biologiques peuvent remplir des fonctions parentales (c'est vrai aussi des familles adoptives ou recomposées). Il n'est par ailleurs plus établi de manière certaine que la mère soit irremplaçable : le père ou d'autres personnages maternels peuvent s'avérer aussi adéquats (ce que Winnicott avait déjà souligné).

La rencontre des gamètes mâles et femelles relevant avant tout du savoir-faire des professionnels, on remarque également un saut qualitatif : *les futurs parents sont devenus des patients.* Les sciences biomédicales, dans la mesure où elles renvoient des réponses incertaines à la question du statut ontologique du petit d'homme, brouillent le statut du bébé. Statut bien complexe, par exemple, que celui des bébés conçus avec la contribution des gamètes de géniteurs/trices additionnels et/ou anonymes (cas des inséminations et des fécondations avec don d'ovocytes et/ou d'embryons).

Enfin, l'évidence de la maternité ne s'oppose plus à l'incertitude de la paternité : cette dernière peut désormais se prouver par l'ADN, tandis que la maternité est parfois clivée entre trois personnes ou fonctions (la maternité génétique, la maternité gestationnelle et la maternité sociale). L'ancienne maxime du *mater certa* est désormais discutable, tout autant que celle du *pater incertus*. C'est même la maxime inverse qui apparaît : *pater certus est sed mater semper incerta*[2]...

On peut également s'interroger sur le statut du bébé passé à l'état d'embryon par le *no man's land* de la congélation (étape quasi obligée des protocoles de FIV, qui produisent un surplus d'embryons destinés, si besoin, à être tous replacés) : une technique aux conséquences inconnues dans la mesure où elle peut modifier la temporalité, tant dans l'ordre des naissances que dans celui des générations. Pensons également au statut juridique de l'embryon in vitro[3], particulièrement susceptible d'instrumentalisation : il s'agit en effet d'une sorte d'« électron libre » disponible et intemporel, susceptible d'être utilisé hors du cadre d'un « projet parental » du couple procréateur (possiblement dans celui d'un autre couple). Bien des exemples pourraient être ici cités[4]. Il est bien difficile, quand on écoute les couples pris dans des choix impossibles – véritables « choix de Sophie » –, d'admettre qu'une loi (en l'espèce la loi de bioéthique) puisse régler d'avance et de façon contraignante un projet qui porte sur un enfant *possible* : j'emploie délibérément l'adjectif « possible » plutôt que celui de « potentiel », habituellement utilisé.

---

2. J'ai développé ce point dans *La part du père*, Paris, Le Seuil, 1981 (première édition).
3. A. Fagot-Largeault, G. Delaisi de Parseval, « Qu'est-ce qu'un embryon ? », *Esprit*, n° 6, juin 1989.
4. Je me permets de renvoyer à mon ouvrage *Famille à tout prix*, Paris, Le Seuil, 2008.

L'« enfant possible » me semble, d'un point de vue tant philosophique que psychologique, coller « au plus près » à la réalité complexe du statut de l'embryon in vitro. Je suis sur ce point le philosophe américain Tristram Engelhardt, qui fait remarquer que l'adjectif « potentiel » impliquerait que la personne se trouve déjà là en puissance, dans un embryon qui n'a pas encore de système nerveux, donc a fortiori pas de conscience ni de raison.

Ainsi, on peut sans hésiter avancer l'idée que nous sommes entrés dans un monde nouveau où l'on n'attend plus les bébés de la même façon que dans les siècles précédents.

Les enfants nés par PMA (environ 1 naissance sur 30 en 2010 en France[5]) nous font de fait changer d'échelle, offrant en quelque sorte une loupe grossissante pour comprendre l'art de s'accommoder des bébés aujourd'hui (aussi bien d'ailleurs que celui de les accommoder, la métaphore culinaire ayant en PMA un écho significatif).

Que deviennent ces bébés conçus après des traitements de PMA ? On aimerait pouvoir dire que ce sont des enfants comme les autres. C'est le cas en général, mais une clinique fine se doit d'apporter quelques nuances. Ce qui est certain, c'est que ces « enfants de la dernière chance », quand ils arrivent, sont des enfants précieux pour leurs parents qui les surinvestissent, à la fois soulagés et sidérés de cette réussite. « Lorsque l'enfant paraît », après un traitement de longue durée contre la stérilité, la page

5. *Population et sociétés*, n° 556, Ined, 2018.

n'est cependant pas définitivement tournée et les parents ne parviennent pas toujours à échapper à leur fascination face à cet enfant miraculeux, qui restaure leur narcissisme blessé et leur intégrité sexuelle et sociale entamée par l'infertilité.

Il y aurait beaucoup à dire, d'un point de vue tant métapsychologique que sociologique, sur la représentation désormais dominante de l'enfant désiré, dont on attend beaucoup. La forme programmée et parfois acharnée du désir d'enfant n'est pas sans effets pervers.

Dans cette optique, il me semble que, paradoxalement, les enfants nés par PMA sont et restent des enfants de couples infertiles. Leur naissance survient souvent après de longues années de stérilité et des traitements lourds, à l'issue d'un parcours ponctué d'espoirs déçus pour les deux parents. Le succès d'une PMA, au sens médical du terme, n'efface pas de facto les souvenirs des pénibles expériences antérieures, liées à ces traitements, avec un impact sur la vie sexuelle. Il arrive aussi que la stérilité témoigne d'un malaise préexistant du couple et, notamment, d'une vie sexuelle « rare ». Les médecins « fivistes » relèvent parfois que leurs patients ont peu de relations sexuelles et s'étonnent que ces derniers soient surpris que « ça » ne marche pas… Je l'ai moi-même constaté chez certains de mes patients. En termes médicaux, on qualifie ce type d'infertilité, faute de mieux, d'idiopathique – « sans cause ». Certains semblent avoir recours à la PMA pour masquer un symptôme d'absence de vie sexuelle. La clinique montre en tout cas non seulement que le couple souffre de ne pas avoir d'enfants, mais que l'enfant qui ne vient pas, celui qui « reste accroché dans les branches de son arbre généalogique » (je paraphrase ici le poète René Char), témoigne déjà de la blessure de ses parents potentiels.

En outre, le deuil de la fertilité ne se fait pas de manière automatique à la naissance de l'enfant. Heureusement, en un sens, car il s'agirait alors d'un « enfant thérapeutique » ! Les parents par PMA demeurent en effet infertiles au-delà de la naissance de l'enfant pour la raison simple que leur sexualité demeure inféconde : s'ils veulent avoir un autre enfant, ils devront de nouveau passer par la médecine. On bute ainsi sur un autre paradoxe : la stérilité n'est pas une maladie dans l'acception habituelle du terme, et l'arrivée d'un enfant ne guérit pas de facto le couple, comme une guérison signerait la disparition d'une maladie. L'enfant concrétise à la fois une réussite et un échec, surtout quand il y a eu don de gamètes ou d'embryons. L'équation simple entre le succès du fameux « projet parental » et la naissance de l'enfant est, dans le cas de la PMA, relativement inadéquate. Le père d'un adolescent né par IAD m'a dit un jour : « Quand mon fils entre dans la pièce où je me trouve, j'ai un "double flash" ; je suis très heureux d'avoir un fils, mais en même temps je me dis que ce n'est pas le mien puisque j'ai eu recours à un donneur. »

Une autre question se pose ici eu égard au devenir de ces enfants longtemps attendus : tous ces traitements ne sont pas sans incidence sur la dynamique du couple. La clinique montre qu'une fois les traitements terminés, avec ou sans enfants, les conflits non résolus du couple, tout ce qui concerne la dynamique conjugale, tout ce qui a été refoulé, mis sous le boisseau et qui est passé au second plan par rapport au parcours de PMA risque d'avoir un effet rebond sur les relations parents-enfants. Aussi suis-je réservée vis-à-vis de l'argument souvent avancé selon lequel ces enfants hyperdésirés partiraient forcément dans la vie sous de bons auspices, voire sous de meilleurs auspices que les enfants conçus naturellement. Un certain nombre de publications anglo-saxonnes relèvent en effet moins d'agressivité dans les relations parents-enfants dans les familles ayant eu recours à la PMA que dans les autres. Mais que dire de la pathologie du désir ? Du désir devenu besoin ?

Peut-être conviendra-t-il à l'avenir, quand on réfléchira au devenir des bébés conçus par PMA (avec ou sans donneur), d'être plus attentif à l'idée que, quelle que soit la configuration familiale, l'enfant est presque miraculeux – même s'il s'agit d'un « miracle ordinaire » –, comme l'écrivait Ferenczi : « L'enfant doit être amené par une prodigieuse dépense d'amour, de tendresse et de soins, à pardonner à ses parents de l'avoir mis au monde sans lui demander son intention, sinon les pulsions de destruction se meuvent aussitôt[6]. »

6. « L'enfant mal accueilli et sa pulsion de mort », *Psychanalyse IV, 1929,* Payot, 1982, p. 77-78. Ferenczi y traite des « hôtes

J'avance à ce point une idée qui me tient à cœur : les procréations artificielles me semblent en partie comparables à des prothèses. Leur but est en effet de corriger le handicap physique et/ou psychique de l'infertilité de parents potentiels et de restaurer leur capacité procréatrice perdue ou altérée. Mais si ces techniques ou cette assistance sociale et médicale ne remplissent qu'une fonction opératoire, elles risquent de produire des « enfants de remplacement », des « bâtons de vieillesse », des « enfants thérapeutiques » destinés à réparer le narcissisme blessé des parents d'intention. En d'autres termes, si cette assistance fait écran au travail de deuil de leur fertilité, le résultat ressemblera à un « cautère sur une jambe de bois » et non à un enfant conçu sous des auspices suffisamment bons. On sait qu'un œil artificiel ne permet pas de voir, mais masque seulement le fait que l'individu a perdu un œil… Si, en revanche, le couple a pu faire le deuil de son incapacité à procréer et que son parcours médical a pu être accompagné de façon humaniste afin de lui fournir l'occasion d'une élaboration mentale, l'enfant aura toutes les chances d'être le fruit d'un travail de sublimation, d'être un enfant bien conçu, c'est-à-dire bien pensé. Signe que la greffe aura « pris ».

non bienvenus dans la famille », donnant comme exemples le « dixième enfant d'une mère surchargée de travail [et] un descendant d'un père atteint d'une maladie mortelle qui est effectivement mort peu après ».

Un constat d'ordre sociologique peut être ajouté : avec la FIV, il me semble qu'une nouvelle forme de parentalité se construit sous nos yeux en Occident, selon les termes de laquelle la famille coïncide de moins en moins avec le couple procréateur. Les familles multicomposées, devenues très habituelles (familles adoptives comprises), avec des coparents et des cogéniteurs, en fournissent autant d'exemples. Ce sont au demeurant des familles comme les autres, avec – pour paraphraser Jacques Derrida – des *« suppléments de père et de mère*[7] » ; des familles dans lesquelles les vrais parents – ceux qui sont responsables d'un enfant – ne sont pas forcément les engendreurs. Par ailleurs, dans le droit fil d'une évolution largement commencée, la procréation risque d'être de plus en plus médicalisée : on « fivera » peut-être davantage pour concevoir un enfant, surtout si, d'une part, on continue à retarder l'âge du premier accouchement[8] et si, d'autre part, la société prend en compte l'indication médicale de gestation pour autrui. Tandis que la parentalité deviendra, elle, de plus en plus sociale.

Les figures contemporaines du devenir parent, en particulier celles qui sont déclinées dans la période post-FIV, me semblent signer la fin de la

7. *De quoi demain sera-t-il fait ? Dialogue entre Jacques Derrida et Élisabeth Roudinesco*, Paris, Fayard, 2001.
8. G. Delaisi de Parseval, « Quelques propos sur Faust et la congélation des ovocytes », dans L. Brunet et V. Fournier (coordonné par), *L'auto-conservation ovocytaire pour raisons d'âge*, Paris, Centre d'études cliniques de l'hôpital Cochin, 2017.

famille patriarcale : les familles qui consultent forment désormais un groupe hétérogène (souvent monoparental), avec une mère et des enfants désirés, couple dans lequel le compagnon n'est pas toujours le père des enfants. Il n'y a pas moins d'œdipe (car l'identification aux parents est toujours possible), mais ses conséquences sont radicalement différentes de celles du passé dans la mesure où l'équilibre narcissique des parents n'est plus le même[9]. Il convient ici de distinguer l'œdipe de l'époque de Freud, en adéquation avec la famille nucléaire, et sa déclinaison actuelle, davantage centrée sur la place du tiers, qu'occupait autrefois, seul, le père, entre la mère et son enfant. Ce tiers peut désormais être un autre parent que le parent géniteur et légal, voire un autre parent du même sexe ; il arrive même qu'il soit incarné par la loi (le juge), ou encore par un référent social. L'essentiel se situe cependant, du point de vue métapsychologique, dans la triangulation, fonction structurante du psychisme humain. C'est la leçon majeure que la métapsychologie peut apporter à la compréhension du devenir du bébé du XXIe siècle.

9. La figure d'Œdipe, partagé entre amour et haine des parents (correspondant à des pathologies névrotiques marquées par l'ambivalence des sentiments vis-à-vis des figures parentales), s'efface derrière celle de Narcisse, envahi par l'angoisse de devoir se réaliser, écrire sa vie (avec son cortège de pathologies axées autour de la culture impérieuse de l'image de soi). Ph. Jeammet en donne une lecture synthétique dans *Histoires de sexe et désir d'enfant*, Paris, Le Pommier, 2004, p. 159-169.

Mais ce qui continuera en tout cas à traverser l'histoire, c'est qu'il y ait *de la famille*, c'est-à-dire *du lien social* organisé autour de la procréation. Or, ce lien ne me paraît pas particulièrement menacé par la PMA. Faisons confiance à ces nouveaux parents, véritables métaphysiciens empiriques, qui nous donnent l'occasion de réfléchir à une « nouvelle métapsychologie des substances et des gènes[10] ».

Quant au devenir des enfants des générations post-FIV à venir, l'honnêteté scientifique oblige à reconnaître que nous en sommes encore, peu ou prou, au stade de l'expérimentation. Pour la psychanalyse en tout cas, il est impossible d'évaluer le devenir psychique de ces enfants avant la troisième génération, c'est-à-dire avant qu'ils aient eux-mêmes procréé. Un analyste ne peut pas s'autoriser à prédire les conséquences des différentes techniques utilisées, car il est privé de son outil : l'expérience clinique. Juger de l'avenir psychique des enfants avec nos seuls recours théoriques, ce serait projeter le passé connu sur le futur sans accepter que celui-ci nous surprenne.

10. Expression d'une anthropologue américaine, Charis Thomson, spécialiste de la parenté par PMA, dans *Strategic Naturalizing : Kinship in infertility clinic*, Londres, Duke University Press, 2001.

Sophie About

Chemin de parent : un atelier pour accompagner les parents sur le chemin de LEUR parentalité

En France, la notion de parentalité coïncide avec un ensemble de transformations dans le champ de la famille : multiplication des formes familiales, augmentation du nombre des séparations, place centrale occupée par l'enfant… Depuis les années 1980, la famille ne se fonde plus par le mariage mais par la naissance du premier enfant. Ce bouleversement s'accompagne d'une survalorisation de l'enfance et d'un renforcement des droits de l'enfant, favorisés par la fragilité conjugale et familiale. De fait, la parentalité est en mouvement depuis longtemps, et encore pour longtemps !

« On ne nous parle pas assez de la réalité et des difficultés que l'on doit surmonter après l'accouchement, alors il ne faut pas hésiter à en parler, à partager », témoigne Alexandra, maman de deux petites filles, dont la dernière est née juste après le confinement du printemps 2020. Partager ses difficultés avec d'autres parents qui vivent les mêmes, échanger des conseils sous l'œil bienveillant d'un professionnel : c'est l'objet même du café Devenir parent, proposé par l'École des parents et des éducateurs (EPE) de la Manche à Granville depuis juin 2019 dans l'un des cabinets de sages-femmes de la ville. Le premier mardi de chaque mois, entre 12 h 15 et 13 h 45, les jeunes parents y sont reçus avec leur bébé par l'intervenante de l'EPE dans une pièce chaleureuse, éclairée par une grande fenêtre, meublée d'un canapé, de quelques fauteuils et d'un tapis de sol, avec quelques jouets à la disposition des tout-petits. Un lieu où il fait bon partager un thé, une tisane ou un café… mais aussi un vécu, pas toujours aussi heureux que l'opinion publique le laisse croire. Il y a en effet comme une injonction à vivre ce moment de la grossesse ou de la naissance comme un bonheur absolu, et encore plus à devenir un « bon » parent, un parent « parfait ». Caroline, enceinte de six mois, décrit ainsi cette injonction : « Si je suis stressée, on me dit que mon enfant le sera aussi. Quand je suis fatiguée, ma mère me dit : "Qu'est-ce que ce sera quand ton bébé sera là !" J'en ai marre d'être jugée comme "mauvaise mère" avant même d'avoir accouché. » Aurélie (maman de deux enfants, de 3 ans et de 2 mois) lui répond : « Moi, j'ai arrêté d'écouter les autres quand je suis tombée enceinte de mon deuxième, parce que c'était exactement pareil que toi pour mon premier, et je l'ai très mal vécu. » Ce sont des échanges de ce type qui font la force du café Devenir parent !

La psychologue du Centre périnatal de proximité (CPP) de Coutances, informée du succès de cette action, nous a invitées à la déployer également pour les futurs et jeunes parents de sa structure. Avec elle et les sages-femmes du CPP, nous avons donc conçu un autre café Devenir parent, programmé le deuxième mardi de chaque mois, à partir de février 2021.

Pourquoi un café Devenir parent ? Tout simplement parce que devenir parent n'est évident pour personne, comme le souligne le rapport « Les 1 000 premiers jours ». C'est un bouleversement pour chacun d'entre nous, d'abord physique, mais également psychique. Le pédopsychiatre Didier Houzel parle de « nouvelle identité pour les mères, mais aussi pour les pères[1] ». Selon lui, cette nouvelle identité recèle une fragilité que la société ne prend pas assez en compte : « On n'a pas encore pris la mesure de cette fragilité, notamment de ces décompensations psychiques dans ces périodes périnatales. »

C'est vrai, et c'est aussi pour ça qu'est né le café Devenir parent. Mais force est de constater que les thèmes qui préoccupent les futurs et jeunes parents sont surtout l'accueil du futur enfant, la nouvelle organisation à la maison, le sommeil du bébé, l'alimentation, bref, des préoccupations immédiates et concrètes. Il est aussi beaucoup question du père, le café Devenir parent étant principalement investi

1. Entretien sur Yakapa.be, 2017. https://www.youtube.com/watch?v=-jXwsJ2LVBo&feature=youtube.be

par les mères qui profitent de leur congé maternité pour partager ce moment avec d'autres pendant que les pères… travaillent.

C'est la raison pour laquelle nous avons imaginé, dans le prolongement de ces cafés, un atelier appelé Chemin de parent (avec l'autorisation de la Fnepe, qui a édité un jeu portant le même nom), en partie inspiré des stages de « responsabilité parentale » ordonnés par la justice[2], stages que j'anime depuis 2017 une ou deux fois par an pour l'ACJM (association d'aide aux victimes, de contrôle judiciaire et de médiation pénale).

L'objectif de cet atelier, que nous proposerons à partir de 2021, est d'aborder l'« être-parent », d'élaborer ensemble une réflexion autour de la responsabilité de chaque parent vis-à-vis de ses enfants, d'accompagner les participants dans leur fonction parentale en travaillant leurs éventuelles difficultés et leurs questionnements, pour construire une confiance en eux et en leurs compétences parentales. Toute famille est inscrite dans un processus ponctué d'inévitables « crises » (changements), de la naissance du premier enfant au départ du petit dernier… Toute famille a les ressources et les compétences pour les traverser, même si elle l'ignore et si, dans certaines situations, elle ne sait pas les mobiliser, en est empêchée ou s'interdit de le faire : « Les familles

---

2. Alternative aux poursuites, le stage de responsabilité parentale vise à rappeler les obligations juridiques, économiques, sociales et morales qu'implique l'éducation d'un enfant. Si elle s'inscrit dans un cadre judiciaire (à la demande et sous le contrôle du procureur de la République), la démarche se veut éducative et constructive.

ont les compétences pour effectuer les changements dont elles ont besoin à condition qu'on leur laisse expérimenter leur autosolution et qu'on active le processus qui les y autorise », écrit Guy Ausloos[3]. L'objectif de notre atelier est d'accompagner ce processus pour que chaque parent trouve sa solution, le chemin de sa propre parentalité. Il vise surtout à permettre aux parents de s'exprimer et de s'approprier pleinement leur rôle.

Cet atelier se déroulera en trois séances de trois heures, à raison d'une par semaine, et abordera les notions de droits et devoirs des parents, les besoins fondamentaux et les droits de l'enfant, la communication « suffisamment bonne », l'autorité parentale mais aussi l'autorité tout court, les stéréotypes et les préjugés. Comment instaurer des règles et des limites pour son enfant ? Comment devenir le parent que l'on désire être sans répéter inconsciemment les comportements de ses propres parents, notamment ceux qui nous ont fait souffrir ? Comment un enfant se construit-il ? Qu'est-ce que le lien d'attachement ? Il nous semble fondamental d'aborder tous ces thèmes avec les jeunes parents. Réfléchir avec eux, c'est les mettre en mouvement sur le chemin de leur parentalité. Une quatrième séance aura lieu un mois après la troisième pour faire le point sur ce qui a été mis en place par les parents.

---

3. Nous pensons, avec le pédopsychiatre Guy Ausloos, qu'il n'existe pas de familles « dysfonctionnelles » ou « déséquilibrées », mais seulement des familles en « fonctionnement » ou en « équilibration ».

À l'EPE de la Manche, nous utilisons des outils participatifs dans toutes nos actions, comme le Photo-langage, pour que chacun puisse s'exprimer, le débat mouvant, qui permet de prendre position et d'argumenter, la fresque d'émergence, qui favorise l'échange, etc. Ces outils facilitent la cohésion du groupe, la participation active et l'expression de chacun dans le respect de la parole de l'autre. L'évaluation des stages de responsabilité parentale ordonnés par la justice, qui utilisent ces mêmes outils, montre que les stagiaires se sentent « compris et écoutés sans jugement de valeur » et qu'ils peuvent « s'exprimer librement ».

L'objectif de l'atelier Chemin de parent comme du café Devenir parent est de valoriser le parent dans sa fonction parentale et dans ses compétences. Chaque parent est unique, bien sûr, mais il peut apporter aux autres son expérience propre. L'échange entre pairs, l'évocation des difficultés des uns et des autres permettent de reprendre confiance en soi et de se sentir moins seul.

Le café Devenir parent est le dernier-né des Cafés des parents®, développés par la Fnepe depuis 1998. Il en respecte donc le cadre, qui se veut bienveillant, neutre et convivial. L'animateur n'est là que pour faire circuler la parole, faciliter les échanges. L'atelier Chemin de parent est animé par un binôme : un psychologue et un professionnel de l'écoute formé aux outils participatifs. Tous les thèmes abordés le sont par ce biais, qui facilite l'expression de chacun et la relation à l'autre.

Ces deux actions, comme toutes celles que nous développons, notamment l'éducation à l'égalité des genres dans les écoles primaires, s'inscrivent dans le cadre de la prévention précoce de difficultés qui peuvent, à un moment ou un autre, empêcher la relation à l'autre. Or, nous savons tous que de bonnes relations interpersonnelles facilitent le mieux vivre ensemble et le respect de chacun.

Yannick Bervas

Des psychologues hors les murs

« Une fourmi de dix-huit mètres
Avec un chapeau sur la tête,
Ça n'existe pas, ça n'existe pas… »

Des psychologues « hors les murs »
À la rencontre des familles
Dans les quartiers et les villages
Ça n'existe pas, ça n'existe pas…

Eh ! Pourquoi pas ?

Dans le numéro 630 de la revue *L'école des parents*[1], Virginie Gazon se faisait déjà l'écho de cette vision, non pas en nous révélant que les fourmis de dix-huit mètres avec un chapeau sur la tête existent… ça, nous le savions déjà, depuis l'enfance, grâce à Robert Desnos, mais en nous parlant du travail mené par une psychologue de l'EPE de Loire-Atlantique dans les quartiers prioritaires de Saint-Nazaire. Le titre de l'article, « Psy

1. Janvier-février-mars 2019, p. 66-67.

tout-terrain », un brin humoristique mais bien ancré dans la réalité pratique de cette expérience, venant parfaitement illustrer les intentions sous-jacentes à cette démarche qui consiste à aller au-devant de ceux qui pourraient avoir besoin d'un conseil, d'un appui, d'un soutien mais ne sont pas toujours en mesure d'en faire la demande.

Comment en effet aujourd'hui imaginer et penser des parentalités en mouvement sans parallèlement considérer les acteurs de l'accompagnement social et du soutien à la parentalité comme pouvant être eux-mêmes en mouvement ? Se mettre en mouvement pour aller vers… pour provoquer une rencontre le plus souvent improbable… pour accompagner un autre mouvement et s'enrichir d'une meilleure compréhension de l'autre… Si les éducateurs, notamment en prévention spécialisée, ont fait de cette approche le socle de leur façon d'agir auprès des jeunes en voie de marginalisation, la démarche, adoptée par un psychologue qui intervient auprès des familles, reste encore singulière et marginale, bien qu'elle soit, l'expérience nous le démontre, aussi nécessaire qu'attendue.

En général, le psychologue reçoit un très bon accueil, même si certains parents, nous pouvons le comprendre, se montrent un peu surpris de croiser un « psy » à l'entrée de l'école où ils déposent leurs enfants, dans un dépôt de vêtements où ils viennent choisir des habits ou encore dans la salle d'attente d'un Espace départemental des solidarités, où ils se font aider dans leurs démarches administratives. « Si tu ne viens pas au psychologue, le psychologue viendra à toi »… Loin de moi l'idée de plagier Paul Féval dans son roman *Le Bossu*, mais c'est très tentant. Il y a en effet un peu de Lagardère dans cet élan spontané et volontaire du psychologue vers ces familles qui résident au sein de quartiers prioritaires ou en milieu rural. Cette formule doit ici être lue et entendue comme évoquant une ferme résolution. Plus que cela même : une détermination à se rendre accessible, visible, compréhensible ; une inclination à se mettre au niveau de chacun pour mieux entendre ses besoins, en étant, « tout simplement », abordable. L'exercice n'est pas aisé, ce pourquoi « tout simplement » est à entourer de guillemets et de précautions : il suppose que le psychologue travaille indépendamment de toute demande, sans bureau et sans matériel, dans des lieux « ouverts ». Comme un équilibriste, il est en effet contraint, au regard de cette méthodologie, de s'exposer. Hors de son cadre physique habituel d'intervention, il ne dispose plus que de son cadre psychique, un « bureau symbolique » où il met en jeu sa posture. Il convient de faire connaissance avec les personnes rencontrées, de ne pas les brusquer, d'attendre le temps nécessaire avant d'être identifié. Cet apprivoisement réciproque, indispensable à la création d'une relation, requiert de se rendre de façon récurrente au même endroit. Le psychologue privilégie une posture d'écoute et de disponibilité, sans jugement pour rester en harmonie avec les valeurs des Écoles des parents. Quand il pénètre sur le lieu de vie des familles, il le fait en toute humilité, par la porte basse, celle qui suppose de s'incliner. Le psychologue « hors les murs » se retrouve avant tout sur le « terrain » des personnes qu'il croise. C'est en cela que l'exercice est complexe et qu'il est « tout-terrain » : il s'agit, par des discussions informelles, de susciter la confiance propice à des réponses adaptées et, le cas échéant, plus formalisées.

Toute cette dynamique interactive avec les habitants d'un quartier ou d'une commune rurale ne peut se concevoir et s'organiser sans une logique de partenariat et de réseau. L'action sociale contemporaine, dont le soutien à la parentalité, puise son sens et sa légitimité dans un travail pluridisciplinaire, à travers les regards croisés et les savoir-faire complémentaires des différents professionnels qui sont conduits à intervenir. Le travail en réseau, en mobilisant les diverses ressources des territoires cibles, est le principal moyen d'assurer l'accompagnement social global dans lequel nous inscrivons nos propres interventions, dont nos actions hors les murs. Il s'agit donc, en préalable, de se mettre en mouvement de façon concertée avec les acteurs du territoire concerné. Autrement dit, pour aller au-devant des familles, nous nous appuyons beaucoup sur la coopération avec les partenaires des lieux où nous intervenons (écoles, maisons de quartier, centres sociaux, structures de distribution alimentaire...) et sur les liens que ces derniers ont tissés avec elles.

Dans le sillage et la dynamique de l'expérience menée à Saint-Nazaire – rencontre des parents à l'école Madeleine-Rebérioux, au dépôt-vente La

Grange aux fringues, à la maison de quartier de la Chesnaie –, nous avons développé des actions à Nantes dans les quartiers prioritaires de Port-Boyer, Dervallières et Breil. Nous avons également diversifié les publics, en expérimentant cette démarche auprès des 12-25 ans, dans le cadre de nos Points d'accueil et d'écoute jeunes à La Chapelle-Heulin, dans le Vignoble nantais, et dans le quartier prioritaire du Château, à Rezé. Auprès des familles et/ou des jeunes de ces différents territoires, urbains ou ruraux, les psychologues de l'EPE de Loire-Atlantique développent une présence de proximité qui prend des formes variées. Il s'agit d'un dispositif global d'intervention qui conjugue informel et formel, propose des réponses souples et adaptables, individuelles et/ou collectives, inscrites dans un travail de réseau partenarial réactif, et surtout collaboratif. Les psychologues interviennent en binôme entre eux ou avec des animateurs de la maison des jeunes, des médiateurs, des éducateurs du service de prévention spécialisée... Cette présence dans la cité et en milieu rural (lors d'un événement festif, de l'action d'un partenaire…) obéit à différents objectifs généraux :

– aller à la rencontre des acteurs du territoire et des familles en utilisant des « portes d'entrée » diverses et non traditionnelles ;
– renforcer le lien social par des rencontres informelles, des échanges spontanés ;
– aborder et travailler les problématiques de parentalité à travers ces échanges ;

– faciliter et accompagner le passage de ces familles vers les services de soutien à la parentalité.

Il s'agit de permettre à chaque parent, quel que soit son environnement socio-économique, de renforcer ses compétences et ressources parentales. Cette méthodologie de l'« aller vers » facilite l'intégration des familles le plus éloignées des actions de soutien à la parentalité dans les dispositifs d'aide et renforce les liens avec les acteurs du territoire, créant une synergie dans les interventions. La présence de psychologues « hors les murs » apporte également un éclairage complémentaire à ces acteurs sur les difficultés des familles, qui leur permet d'adapter leurs actions et facilite la mise en œuvre de ces dernières. Cette coopération est un atout, notamment pour repérer les familles « en situation de fragilité », mais aussi pour leur venir en aide selon une logique de réseau et de parcours. La mise en œuvre de réponses collectives comme, par exemple, des Cafés des parents® coanimés par des psychologues de l'EPE et d'autres professionnels, sur des lieux identifiés et fréquentés par les familles (maisons de quartier, écoles…), participe à cette dynamique globale. Tous les espaces de concertation d'un territoire peuvent être des leviers, réguliers ou occasionnels, en fonction des circonstances et des situations de l'accompagnement des familles concernées.

Développer et favoriser la proximité suppose enfin d'entretenir une présence utile dans la cité et en milieu rural en ciblant les événements, dans l'espace public ou les espaces institutionnels, favorables à l'« aller vers ». Au cours de l'été 2020, deux psychologues de l'EPE 44 ont ainsi participé à plusieurs actions et événements dans deux quartiers prioritaires de Nantes : aux Dervallières, à deux permanences de distribution alimentaire, à trois matinées proposant un atelier d'éveil musical, des loisirs créatifs et du jardinage avec l'association La Presqu'île, à une rencontre avec le LAEP (Lieu d'accueil enfants parents) Le Sablier ; au Breil, à trois permanences de distribution alimentaire, à un moment d'échange avec les habitants au café associatif *Au p'tit bonheur,* à une après-midi « pataugeoire » – événement estival destiné aux familles ; elles y ont également rencontré la directrice de l'école Jacques-Prévert et celle de l'école des Plantes, ainsi qu'une psychologue de l'association Le Pas (Parole-Aide-Soutien).

« Au total, sur les deux quartiers, nous avons pu échanger avec une centaine d'habitants », nous ont expliqué ces deux psychologues. Les interventions informelles restent souvent la seule manière d'établir un lien avec certaines familles et certains jeunes, pour différentes raisons, sociales et/ou culturelles. Le psychologue qui « sort du bureau » pour aller à la rencontre d'un public (parents, enfants, jeunes) et des professionnels d'un territoire, d'un quartier, diversifie ainsi ses modes d'entrée en contact. Il se présente par son nom et sa fonction pour engager un échange informel et spontané, dans l'ici et maintenant, et laisse à son ou ses interlocuteurs la maîtrise de la rencontre : ce modèle nous semble, au sein de l'EPE 44, au vu de nos différentes expérimentations, parfaitement répondre aux enjeux fondamentaux d'une prévention primaire efficiente.

À travers des réunions d'équipe et de concertation, des séances de supervision, d'élaboration et de partage d'expériences, nous avons pu le traduire en quelques objectifs opérationnels : proposer une présence, une altérité, une oreille disponible et bienveillante ; offrir la possibilité de la rencontre ; permettre aux familles de s'essayer à l'acte de parler de soi ; soutenir la parentalité, les enfants et les jeunes ; faciliter l'orientation des populations qui en sont éloignées vers les dispositifs de droit commun ; favoriser le passage de la rencontre informelle à la consultation psychologique, de l'espace public au bureau de consultation.

Pour prendre un peu de hauteur tout en restant modestement à notre place, évoquons les propos de Nelson Mandela, qui nous soufflait qu'« une vision qui ne s'accompagne pas d'actions n'est qu'un rêve. Une action qui ne découle pas d'une vision c'est du temps perdu. Une vision suivie d'action peut changer le monde ». Une vision, certainement… Une mise en action par le mouvement, tout autant… Quant à changer le monde…

Michel Wawrzyniak

Conclusion

L'histoire et le moment de la Fnepe

> « Il est l'affection et le présent puisqu'il a fait la maison ouverte à l'hiver écumeux et à la rumeur de l'été, lui qui a purifié les boissons et les aliments, lui qui est le charme des lieux fuyants et le délice surhumain des stations. Il est l'affection et l'avenir, la force et l'amour que nous, debout dans les rages et les ennuis, nous voyons passer dans le ciel de tempête et les drapeaux d'extase… »
>
> Arthur Rimbaud, « Génie », *Poésies complètes*

Dans le dernier de ses poèmes, *Génie,* écrit en prose, Arthur Rimbaud rend hommage à l'élan. L'aventure poétique de la bousculade des formes du langage et des images se termine ainsi pour le jeune poète, à 20 ans déjà. Une autre exploration commence alors – se poursuit, plutôt –, celle de l'espace du monde, avec des voyages bien plus lointains que les fugues ardennaises initiales.

L'élan est le *Génie* de nos vies. L'élan, tellement essentiel à nos existences, personnelles, groupales ou institutionnelles, dont le philosophe Henri Bergson[1] parle admirablement, tout comme

1. H. Bergson, *L'évolution créatrice* (1907), Paris, Puf, 2013.

Eugène Minkowski, le psychopathologue, quand il évoque l'élan vital et sa perte dans certaines maladies psychiques graves[2].

La pandémie nous a immobilisés. Dans la sidération et l'angoisse, dans le confinement aussi, dans les confinements. Elle a coupé l'élan de nos vies personnelles, familiales, professionnelles ou encore… de voyageurs. Et la coupure qu'elle a provoquée nous a amenés à créer de nouveaux liens, de nouveaux types de liens.

Au moment de choisir un thème pour notre colloque d'anniversaire, il y a longtemps déjà, nous ne savions pas à quel point la thématique des *parentalités en mouvement* se montrerait parlante pour nous tous, dans une autre de ses figurations.

En effet, dès le début du premier confinement, dans ce moment d'élan coupé partagé par le monde entier, la Fnepe et le réseau des Écoles des parents et des éducateurs (EPE) se sont mobilisés pour soutenir les *parentalités immobilisées*. C'est ainsi qu'est né notre numéro vert *Allo parents confinés,* rebaptisé depuis *Allo parents en crise*. Le nom du premier disait bien ce qu'il signifiait. Le second joue de la polysémie du terme de crise – pandémique, sociale, économique, parentale… Il exprime surtout les immanquables dimensions d'angoisse et d'incertitude de la situation. Sans omettre, pour autant, la promesse que porte en elle toute crise, celle de l'avènement possible d'une nouvelle donne, plus inspirante que la précédente. La crise constitue un

2. E. Minkowski, *Le temps vécu* (1933), Paris, Puf, 2013.

creuset de créativité, quand cela s'avère possible. Le projet d'évoquer *des pratiques à inventer* était devant nous. Les événements nous ont amenés à l'incarner. Osons l'affirmer : *nous l'avons fait !*

Durant tous ces mois – et encore aujourd'hui –, les permanents de la ligne du numéro vert ont été à l'écoute des parents, dans l'effort d'entendre ce qui se disait de tout à coup insupportable, intriguant, incompréhensible dans les liens entre parents et enfants. Un cri a souvent jailli de ces milliers d'heures d'échanges : « On ne nous a pas appris à être parents ! » Ce cri de protestation semblait répondre à cette interrogation persistante, qui a jalonné la longue histoire de la Fnepe – cinquante ans aujourd'hui ! – et de son réseau d'Écoles des parents : « Pourquoi faudrait-il une école pour devenir ou pour être parents ? » Nous savons bien que l'accès au sens d'une telle invitation n'a jamais été évident, se présentant comme une énigme, pouvant susciter révolte et rejet.

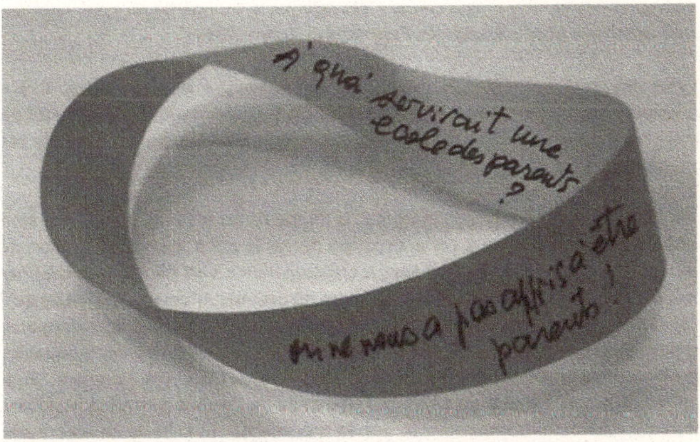

L'histoire et le moment présent de la vie de la Fnepe et de son réseau constituent donc non pas les deux faces opposées, irréconciliables, d'une contradiction, mais la même face d'une bande de Möbius, partageant l'opacité et le cri, l'interrogation et l'évidence.

À nous de nous maintenir ensemble dans l'espace et le temps de cette tension exigeante.

Parentalités en mouvement, annoncions-nous donc…

Présentation des auteurs

Sophie ABOUT est psychologue clinicienne spécialisée dans le domaine de la guidance parentale et en psycho-criminologie et victimologie. Elle est présidente de l'École des parents et des éducateurs de la Manche (EPE 50) et vice-présidente de l'Union régionale des EPE normandes.

Yannick BERVAS est directeur l'École des parents et des éducateurs de Loire-Atlantique (EPE 44), membre du conseil d'administration de la Fnepe.

Jean CHAMBRY est chef du pôle de pédopsychiatrie au GHU de psychiatrie et neurosciences de Paris et président de la Société française de pédopsychiatrie et des disciplines associées (SFPEADA). Il est membre du conseil scientifique de la Fnepe.

Geneviève DELAISI DE PARSEVAL est psychanalyste et anthropologue, spécialiste de bioéthique. Elle est l'auteure, entre autres, de *L'Art d'accommoder les bébés. Cent ans de recettes françaises de puériculture* (avec Suzanne Lallemand, rééd. Odile Jacob, 2001) et de *L'enfant à tout prix. Essai sur la médicalisation de la filiation* (avec le Dr Alain Janaud, Seuil, « Points actuel », 1983). Elle est membre du conseil scientifique de la Fnepe. Site : genevieve.delaisi.free.fr

Lucien HOUNKPATIN est docteur en psychologie clinique et psychopathologie, psychanalyste, membre de la Société psychanalytique de Paris.

Claude MARTIN est sociologue, directeur de recherche au CNRS, professeur affilié à l'EHESP, chaire Cnaf-EHESP « enfance, bien-être et parentalité ». Il a dirigé le numéro 85 (« Le déterminisme parental en question », 2020) de la revue internationale *Lien social et Politiques* et a publié avec N. Vellut, C. Figueiredo et M. Fansten, *Hikikomori : une expérience de confinement* (Presses de l'EHESP, 2021).

Olivier PHAN est docteur en neurosciences et pédopsychiatre dans le service d'addictologie à l'adolescence de la clinique Dupré, Fondation santé des étudiants de France (FSEF), et à la Consultation jeunes consommateurs (CJC) du centre Pierre-Nicole-Croix rouge française, unité Inserm CESP, Inserm U1018 Paris.

Régine SCELLES est psychologue et professeure de psychopathologie à l'université de Paris-Nanterre, présidente du conseil scientifique de la Fnepe et directrice de la revue *Dialogue*.

Pierre SUESSER est médecin de santé publique et pédiatre dans un service de protection maternelle et infantile (PMI), coprésident du syndicat national des médecins de protection maternelle et infantile (SNMPMI). Il est l'auteur, entre autres, de *Petite enfance, penser la prévention en grand* (érès 2013) et de *Dialogue des disciplines autour du jeune enfant* (sous sa direction avec M. Bonnefoy, M.-C. Colombo et C. Garrigues, érès, 2020).

Nathalie DE TIMMERMAN est docteure en psychologie clinique et psychopathologie, psychologue-psychothérapeute, chargée d'enseignement à l'École des psychologues praticiens, chercheure associée à l'équipe Vulnérabilités, CRFDP, université de Rouen-Normandie.

Abdessalem YAHYAOUI est docteur d'État en psychopathologie clinique, enseignant-chercheur-directeur de recherche (HDR) en psychopathologie clinique à l'université de Savoie-Mont-Blanc, laboratoire IP/PC2S EA 4145 USMB-Chambéry/UGA-Grenoble, responsable du centre de psychologie clinique interculturelle APPM-CREFSI, à Grenoble.

Michel WAWRZYNIAK est psychologue clinicien, praticien de la psychanalyse et des thérapies familiales systémiques, professeur émérite en psychopathologie clinique à l'UPJV (Amiens), rédacteur en chef de *Perspectives Psy* et président de la Fncpc.

Table des matières

Revue *L'école des parents*

L'école des parents est une revue de référence sur la parentalité et l'éducation. Elle donne la parole aux experts et aux acteurs de terrain, analyse les évolutions de la famille et valorise les pratiques innovantes. Chaque numéro est centré sur un dossier de 30 pages qui approfondit une problématique actuelle, sans parti pris et avec un grand souci de lisibilité.

L'école des parents est coéditée par la Fnepe (Fédération nationale des Écoles des parents et des éducateurs) et les éditions érès. Elle paraît chaque trimestre. Deux fois par an, elle publie un livre sur un thème lié à la parentalité dans la collection « L'école des parents » chez érès.

Directeur de la publication : Béatrice Bayo

Directrice de la Fnepe : Alexandra Christides

Rédactrice en chef : Anne Lanchon

Comité de rédaction : Jean Chambry, Sylvie Companyo, Daniel Coum, Élodie Dumelz, Virginie Gazon, Isabelle Gravillon, Béatrice Kammerer, Anne Lamy, Anne Lanchon, Gentlana Malo, David Pioli, Blandine Sagot, Régine Scelles, Michel Wawrzyniak

Numéros 2021 :
N° 638 : La formation de la pensée critique
N° 639 : Devenir parent, un défi
N° 640 : Famille, école. La révolution verte
N° 641 : En finir avec le harcèlement scolaire

Pour vous abonner ou vous procurer les anciens numéros : *www.ecoledesparents.org*

La Charte du réseau
des Écoles des parents et des éducateurs

Un réseau d'associations au service des parents, des jeunes, des familles et des professionnels qui œuvrent dans une démarche de prévention et de coéducation.

Les finalités

Dans le champ du soutien à la parentalité, le réseau des Écoles des parents et des éducateurs allie recherches théoriques, réflexions, expérimentations et pratiques concrètes au regard des besoins sociaux et des attentes de l'ensemble de ceux avec qui il travaille :

- **Contribuer** à rendre acteurs de leur vie les parents et les jeunes, en renforçant leurs ressources propres et leurs compétences personnelles, quelle que soit leur situation sociale, culturelle ou professionnelle ;
- **Accompagner** le développement de l'enfant et de l'adolescent ;
- **Faciliter** le lien des familles à leur environnement ;
- **Favoriser** le dialogue dans le groupe familial ;
- **Accompagner** les moments de crise dans la famille ;
- **Mettre en relation** les parents et les professionnels de l'éducation et du secteur sanitaire et social ;
- **Participer** à la formation des partenaires de l'éducation et du secteur sanitaire et social confrontés aux mutations complexes et profondes du groupe familial et de son environnement.

Les valeurs

Le réseau des Écoles des parents et des éducateurs fonde son action sur un système de valeurs – laïcité, neutralité politique, liberté, démocratie – et sur la reconnaissance des compétences et des potentialités de chacun dans le respect de sa singularité.

Le réseau des Écoles des parents et des éducateurs intervient dans le champ de l'éducation, entendue comme l'ensemble des savoirs, savoir-faire et savoir-être favorisant le développement de l'enfance à l'adolescence et à l'âge adulte. Il accompagne l'ensemble des acteurs intervenant dans la relation éducative, parents, enseignants, travailleurs sociaux et jeunes eux-mêmes dans cette coélaboration de l'autonomie et de la responsabilité qui permettent l'avènement de la citoyenneté. Il contribue à ce titre à la réflexion sur le rôle des relations intergénérationnelles.

La Fédération nationale
des Écoles des parents et des éducateurs

Accompagner la parentalité et la soutenir pour que chacun, enfant et adulte, s'épanouisse au sein de la famille, quelle que soit sa configuration.

La fédération accompagne la création et le développement des EPE, les rassemble et les représente en France.

La FNEPE est une association loi 1901, reconnue d'utilité publique agréée association de jeunesse et d'éducation populaire, complémentaire de l'enseignement public. Par les Écoles des parents et des éducateurs qu'elle fédère. C'est une association de services aux familles et aux éducateurs avec une pluralité de moyens. Par son action de terrain, elle est un observateur des transformations sociales affectant la vie familiale et les demandes du public. Par son expérience et l'ensemble des professionnels de son réseau, elle bénéficie d'une légitimité qui en fait un acteur majeur du domaine de l'éducation et de la famille.

Ses missions :

- **Soutenir** et accompagner le développement des EPE par l'organisation de colloques, de journées de réflexion, de formation, de mutualisation.
- **Valoriser** la pratique et l'expertise de son réseau et de son conseil scientifique auprès des pouvoirs publics et d'un large public, par des contributions orales et écrites.
- **Participer** au débat public sur les sujets concernant la famille, l'enfance, le soutien à la parentalité, l'éducation, la jeunesse et le social.

- **Mobiliser** des partenaires sur les actions des EPE et sur les projets de la fédération.
- **Mettre en œuvre** des expérimentations et des recherches pour analyser les pratiques et les faire évoluer.
- **Conseiller** les collectivités territoriales sur la mise en place de politiques de soutien à la parentalité et à la jeunesse.
- **Faire partager** sa réflexion en termes d'éducation et de soutien à la parentalité en organisant des colloques et en éditant la revue *L'école des parents*.

Collection
« L'école des parents »

Jacques Barou
Parents, enfants, école : approches transculturelles

Émilie Potin avec Gaël Henaff et Hélène Trellu
Le smartphone des enfants placés
Quels enjeux en protection de l'enfance ?

Sous la direction de Daniel Marcelli
Avec Anne Lanchon
Les Cafés des parents®
L'intelligence du collectif

Jocelyn Lachance
La famille connectée
De la surveillance parentale à la déconnexion des enfants

Sous la direction de Patrick Cottin
Accompagner les adolescents
Nouvelles pratiques, nouveaux défis pour les professionnels

Sous la direction de Frédéric Tordo et Serge Tisseron
Robots, de nouveaux partenaires de soins psychiques

Jocelyn Lachance
Les images terroristes
La puissance des écrans, la faiblesse de notre parole

Sous la direction de Daniel Marcelli
Avec Anne Lanchon
L'enfant, l'animal, une relation pleine de ressources

Sous la direction de Daniel Marcelli
Avec Anne Lanchon
Les nouveaux objets transitionnels
Du doudou de Winnicott à l'iPhone de Jobs

Sous la direction de Daniel Marcelli
Avec Anne Lanchon
Adolescents en quête de sens
Parents et professionnels face aux engagements radicaux